내 영혼을 위한 말씀 필사

성경 전체의
맥락을 잡기 위한

성경을 쓰다

넥서스CROSS

📖 들어가는 글

그리스도인에게 무엇보다 필요한 것은 말씀에 머무는 시간일 것입니다. 말씀을 쓴다는 것은 내 마음과 영혼에 말씀을 담는 한 방편이지요. 성경말씀을 읽고 곱씹고 묵상하고 필사하는 것 모두 말씀 안에 머무는 방법이지만 손으로 기도하는 필사만큼 더 천천히 묵상하는 방법은 없을 것입니다.

창세기부터 요한계시록까지 성경 각 권의 핵심구절과 주요구절만 뽑아 『내 영혼을 위한 말씀 필사, 성경을 쓰다』를 구성하였습니다. 각 권의 핵심말씀을 씀으로써 성경 전체의 윤곽을 잡는 데 도움을 주고자 한 것입니다. 구약성경에서 226절, 신약성경에서 168절 총 394구절을 담아냈습니다.

또한 성경 각 권에 대한 주요내용을 '묵상하기'라는 도움 글에 담았습니다. 성경 각 권을 이해하는 데 꼭 필요한 내용만을 다루었습니다. 해당 도움 글을 먼저 읽고 필사해보는 것도 좋은 방법일 것입니다.

자, 이제 시작입니다.

여기, 방대한 성경에서 극히 일부분인 394구절이 담겨 있습니다. 하지만 말씀 한 구절 한 구절을 따라쓰다 보면, 하나님이 우리에게 하시는 말씀 하나하나가 마음속 깊이 다가올 것입니다. 모두 다 쓰고 나면, 하나님과 하나님의 말씀을 더욱 사모하고 갈망하게 될 것입니다.

당시 하나님께서 어떤 말씀을 하셨는지 맥락을 따라가 보십시오.
지금 하나님께서 어떤 말씀을 하고 계신지 찬찬히 살피며 따라가 보십시오.
말씀에 머물러 보십시오.
충분히 머물러 보십시오.

이 책이 그 시작에 작은 도움이 되길 바랍니다.

✢ 이 책의 활용법

1. 왼쪽에는 필사 본문인 개역개정 성경과, 성경 이해를 돕기 위해 새번역 성경을 함께 두었습니다.

2. 오른쪽은 성경을 필사할 수 있게 구성하였습니다.

   왼쪽 본문을 따라서 편안하고 자유롭게, 그러나 뜻을 새기며 필사하십시오.

3. 본문성경은 성경 각 권의 핵심구절과 주요구절로 구성되어 있습니다.

4. 성경 각 권마다 '묵상하기'를 두었습니다. 각 권에서 주요한 것만을 담았습니다. 성경의 이해를 돕기 위함입니다.

1부

구약 성경을 쓰다

창세기 1:1   태초에 하나님이 천지를 창조하시니라
            ^{새번역} 태초에 하나님이 천지를 창조하셨다.

창세기 2:4   이것이 천지가 창조될 때에 하늘과 땅의 내력이니
            여호와 하나님이 땅과 하늘을 만드시던 날에
            ^{새번역} 하늘과 땅을 창조하실 때의 일은 이러하였다.

창세기 2:15   여호와 하나님이 그 사람을 이끌어 에덴 동산에 두어
            그것을 경작하며 지키게 하시고
            ^{새번역} 주 하나님이 사람을 데려다가 에덴 동산에 두시고,
            그곳을 맡아서 돌보게 하셨다.

묵상하기

창세기 1장 1절의 놀라운 선언은 창조주와 피조물 사이의 엄청난 간격을 말하는 동시에 그 사이를 구분합니다. 전능하신 하나님은 '있으라' 말씀하셨고 온 세계가 말씀대로 '있게' 되었습니다. 또한 하나님은 하나님의 형상을 닮은 인간을 만드시고 하나님이 지으신 세계를 다스리라고 하셨습니다. 그리고 생명의 언약을 맺으셨지요. 하나님이 우리의 하나님이 되시고, 우리는 그분의 백성이 되는 '관계'를 맺으신 것이 바로 이 언약입니다.

창세기 1:1

_____

_____

창세기 2:4

_____

_____

_____

창세기 2:15

_____

_____

_____

창세기 2:16

여호와 하나님이 그 사람에게 명하여 이르시되
동산 각종 나무의 열매는 네가 임의로 먹되

새번역 주 하나님이 사람에게 명하셨다.
"동산에 있는 모든 나무의 열매는, 네가 먹고 싶은 대로 먹어라."

창세기 2:17

선악을 알게 하는 나무의 열매는 먹지 말라
네가 먹는 날에는 반드시 죽으리라 하시니라

새번역 "그러나 선과 악을 알게 하는 나무의 열매만은 먹어서는
안 된다. 그것을 먹는 날에는, 너는 반드시 죽는다."

창세기 4:9

여호와께서 가인에게 이르시되 네 아우 아벨이 어디 있느냐
그가 이르되 내가 알지 못하나이다 내가 내 아우를 지키는 자니이까

새번역 주님께서 가인에게 물으셨다. "너의 아우 아벨이 어디에 있느냐?"
그가 대답하였다. "모릅니다. 제가 아우를 지키는 사람입니까?"

창세기 6:8

그러나 노아는 여호와께 은혜를 입었더라

새번역 그러나 노아만은 주님께 은혜를 입었다.

창세기 2:16

창세기 2:17

창세기 4:9

창세기 6:8

창세기 12:1　　여호와께서 아브람에게 이르시되 너는 너의 고향과 친척과
아버지의 집을 떠나 내가 네게 보여 줄 땅으로 가라

새번역 주님께서 아브람에게 말씀하셨다. "너는, 네가 살고 있는 땅과,
네가 난 곳과, 너의 아버지의 집을 떠나서, 내가 보여 주는 땅으로 가거라."

창세기 12:2　　내가 너로 큰 민족을 이루고 네게 복을 주어
네 이름을 창대하게 하리니 너는 복이 될지라

새번역 내가 너로 큰 민족이 되게 하고, 너에게 복을 주어서,
네가 크게 이름을 떨치게 하겠다. 너는 복의 근원이 될 것이다.

창세기 12:3　　너를 축복하는 자에게는 내가 복을 내리고
너를 저주하는 자에게는 내가 저주하리니 땅의 모든 족속이
너로 말미암아 복을 얻을 것이라 하신지라

새번역 너를 축복하는 사람에게는 내가 복을 베풀고, 너를 저주하는 사람에게는
내가 저주를 내릴 것이다. 땅에 사는 모든 민족이 너로 말미암아 복을 받을 것이다.

창세기 22:17　　내가 네게 큰 복을 주고 네 씨가 크게 번성하여
하늘의 별과 같고 바닷가의 모래와 같게 하리니
네 씨가 그 대적의 성문을 차지하리라

새번역 내가 반드시 너에게 큰 복을 주며, 너의 자손이 크게 불어나서, 하늘의 별처럼,
바닷가의 모래처럼 많아지게 하겠다. 너의 자손은 원수의 성을 차지할 것이다.

창세기 12:1

창세기 12:2

창세기 12:3

창세기 22:17

출애굽기 3:8

내가 내려가서 그들을 애굽인의 손에서 건져내고
그들을 그 땅에서 인도하여 아름답고 광대한 땅,
젖과 꿀이 흐르는 땅 곧 가나안 족속, 헷 족속,
아모리 족속, 브리스 족속, 히위 족속, 여부스 족속의
지방에 데려가려 하노라

새번역 이제 내가 내려가서 이집트 사람의 손아귀에서 그들을 구하여,
이 땅으로부터 저 아름답고 넓은 땅, 젖과 꿀이 흐르는 땅, 곧 가나안 사람과
헷 사람과 아모리 사람과 브리스 사람과 히위 사람과 여부스 사람이
사는 곳으로 데려 가려고 한다.

출애굽기 3:14

하나님이 모세에게 이르시되 나는 스스로 있는 자이니라
또 이르시되 너는 이스라엘 자손에게 이같이 이르기를
스스로 있는 자가 나를 너희에게 보내셨다 하라

새번역 하나님이 모세에게 대답하셨다. "나는 곧 나다. 너는 이스라엘 자손에게
이르기를, '나'라고 하는 분이 너를 그들에게 보냈다고 하여라."

✒ 묵상하기

출애굽기는 한 가족이었으나 이제는 한 민족을 이룬 이스라엘을, 하나님께서 구원하시는 이
야기입니다. 출애굽기를 통해 그분의 이름을 알려주시고, 그분의 구속사역을 분명하게 보여
주시며, 율법을 통해 어떻게 그분을 섬겨야 하는지를 알려주십니다. 하나님은 모세를 택하
고 부르신 후 애굽에 열 가지 재앙을 보내어 바로가 이스라엘 백성이 가는 것을 허락하도록
이끄십니다. 그리고 하나님을 예배하지 못하던 이스라엘 백성을, 하나님을 예배하면서 살
수 있는 가나안으로 구원해 주십니다.

14

출애굽기 3:8

출애굽기 3:14

출애굽기 5:1 그 후에 모세와 아론이 바로에게 가서 이르되
이스라엘의 하나님 여호와께서 이렇게 말씀하시기를
내 백성을 보내라 그러면 그들이 광야에서
내 앞에 절기를 지킬 것이니라 하셨나이다

새번역 그 뒤에 모세와 아론이 바로에게 가서 말하였다. "주 이스라엘의 하나님이
말씀하시기를 '나의 백성을 보내라. 그들이 광야에서 나의 절기를 지켜야 한다'
하셨습니다."

출애굽기 19:5 세계가 다 내게 속하였나니 너희가 내 말을 잘 듣고
내 언약을 지키면 너희는 모든 민족 중에서 내 소유가 되겠고

새번역 '이제 너희가 정말로 나의 말을 듣고, 내가 세워 준 언약을 지키면,
너희는 모든 민족 가운데서 나의 보물이 될 것이다. 온 세상이 다 나의 것이다.
그러므로 너희는 내가 선택한 백성이 되고,'

출애굽기 19:6 너희가 내게 대하여 제사장 나라가 되며
거룩한 백성이 되리라 너는 이 말을 이스라엘 자손에게 전할지니라

새번역 '너희의 나라는 나를 섬기는 제사장 나라가 되고, 너희는 거룩한 민족이
될 것이다.' 너는 이 말을 이스라엘 자손에게 일러주어라.

출애굽기 20:2 나는 너를 애굽 땅, 종 되었던 집에서 인도하여 낸
네 하나님 여호와니라

새번역 나는 너희를 이집트 땅 종살이하던 집에서 이끌어 낸 주 너희의 하나님이다.

출애굽기 5:1

출애굽기 19:5

출애굽기 19:6

출애굽기 20:2

출애굽기 20:3   너는 나 외에는 다른 신들을 네게 두지 말라

새번역 너희는 내 앞에서 다른 신들을 섬기지 못한다.

출애굽기 20:4   너를 위하여 새긴 우상을 만들지 말고
또 위로 하늘에 있는 것이나 아래로 땅에 있는 것이나
땅 아래 물속에 있는 것의 어떤 형상도 만들지 말며

새번역 너희는 너희가 섬기려고 위로 하늘에 있는 것이나, 아래로 땅에 있는 것이나,
땅 아래 물속에 있는 어떤 것이든지, 그 모양을 본떠서 우상을 만들지 못한다.

출애굽기 20:5   그것들에게 절하지 말며 그것들을 섬기지 말라 나 네 하나님
여호와는 질투하는 하나님인즉 나를 미워하는 자의 죄를 갚되
아버지로부터 아들에게로 삼사 대까지 이르게 하거니와

새번역 너희는 그것들에게 절하거나, 그것들을 섬기지 못한다.
나, 주 너희의 하나님은 질투하는 하나님이다. 나를 미워하는 사람에게는,
그 죄값으로, 본인뿐만 아니라 삼사 대 자손에게까지 벌을 내린다.

출애굽기 20:6   나를 사랑하고 내 계명을 지키는 자에게는
천 대까지 은혜를 베푸느니라

새번역 그러나 나를 사랑하고 나의 계명을 지키는 사람에게는,
수천 대 자손에 이르기까지 한결같은 사랑을 베푼다.

18

출애굽기 20:3

출애굽기 20:4

출애굽기 20:5

출애굽기 20:6

출애굽기 20:7　　너는 네 하나님 여호와의 이름을 망령되게 부르지 말라

여호와는 그의 이름을 망령되게 부르는 자를

죄 없다 하지 아니하리라

새번역 너희는 주 너희 하나님의 이름을 함부로 부르지 못한다.
주는 자기의 이름을 함부로 부르는 자를 죄 없다고 하지 않는다.

출애굽기 20:8　　안식일을 기억하여 거룩하게 지키라

새번역 안식일을 기억하여 그 날을 거룩하게 지켜라.

출애굽기 20:9　　엿새 동안은 힘써 네 모든 일을 행할 것이나

새번역 너희는 엿새 동안 모든 일을 힘써 하여라.

출애굽기 20:10　　일곱째 날은 네 하나님 여호와의 안식일인즉

너나 네 아들이나 네 딸이나 네 남종이나 네 여종이나 네 가축이나

네 문안에 머무는 객이라도 아무 일도 하지 말라

새번역 그러나 이렛날은 주 너희 하나님의 안식일이니, 너희는 어떤 일도 해서는
안 된다. 너희나, 너희의 아들이나 딸이나, 너희의 남종이나 여종만이 아니라,
너희 집짐승이나, 너희의 집에 머무르는 나그네라도, 일을 해서는 안 된다.

출애굽기 20:7

출애굽기 20:8

출애굽기 20:9

출애굽기 20:10

출애굽기 20:11   이는 엿새 동안에 나 여호와가 하늘과 땅과 바다와
그 가운데 모든 것을 만들고 일곱째 날에 쉬었음이라
그러므로 나 여호와가 안식일을 복되게 하여
그 날을 거룩하게 하였느니라

새번역 내가 엿새 동안 하늘과 땅과 바다와 그 안에 있는 모든 것을 만들고
이렛날에는 쉬었기 때문이다. 그러므로 나 주가
안식일을 복 주고, 그 날을 거룩하게 하였다.

출애굽기 20:12   네 부모를 공경하라 그리하면
네 하나님 여호와가 네게 준 땅에서 네 생명이 길리라

새번역 너희 부모를 공경하여라. 그래야 너희는 주 너희 하나님이
너희에게 준 땅에서 오래도록 살 것이다.

출애굽기 20:13   살인하지 말라

새번역 살인하지 못한다.

출애굽기 20:14   간음하지 말라

새번역 간음하지 못한다.

출애굽기 20:15   도둑질하지 말라

새번역 도둑질하지 못한다.

출애굽기 20:11

_____

_____

_____

_____

_____

출애굽기 20:12

_____

_____

출애굽기 20:13

_____

출애굽기 20:14

_____

출애굽기 20:15

_____

출애굽기 20:16   네 이웃에 대하여 거짓 증거하지 말라

새번역 너희 이웃에게 불리한 거짓 증언을 하지 못한다.

출애굽기 20:17   네 이웃의 집을 탐내지 말라 네 이웃의 아내나
그의 남종이나 그의 여종이나 그의 소나
그의 나귀나 무릇 네 이웃의 소유를 탐내지 말라

새번역 너희 이웃의 집을 탐내지 못한다. 너희 이웃의 아내나 남종이나 여종이나
소나 나귀나 할 것 없이, 너희 이웃의 소유는 어떤 것도 탐내지 못한다.

출애굽기 29:46   그들은 내가 그들의 하나님 여호와로서 그들 중에 거하려고
그들을 애굽 땅에서 인도하여 낸 줄을 알리라
나는 그들의 하나님 여호와니라

새번역 그리고 그들은, 바로 내가, 그들 가운데 머물려고, 그들을 이집트 땅에서
이끌어 낸 그들의 주 하나님임을 알게 될 것이다. 나는 그들의 주 하나님이다.

레위기 11:45   나는 너희의 하나님이 되려고 너희를 애굽 땅에서
인도하여 낸 여호와라 내가 거룩하니 너희도 거룩할지어다

새번역 나는 너희 하나님이 되려고, 너희를 이집트 땅에서 데리고 나온 주다.
내가 거룩하니, 너희도 거룩하게 되어야 한다.

출애굽기 20:16

출애굽기 20:17

출애굽기 29:46

레위기 11:45

레위기 19:2   너는 이스라엘 자손의 온 회중에게 말하여 이르라
너희는 거룩하라 이는 나 여호와 너희 하나님이 거룩함이니라

새번역 이스라엘 자손 온 회중에게 말하여라. 너는 그들에게 이렇게 일러라.
너희의 하나님인 나 주가 거룩하니, 너희도 거룩해야 한다.

레위기 19:18   원수를 갚지 말며 동포를 원망하지 말며 네 이웃 사랑하기를
네 자신과 같이 사랑하라 나는 여호와이니라

새번역 한 백성끼리 앙심을 품거나 원수 갚는 일이 없도록 하여라.
다만 너는 너의 이웃을 네 몸처럼 사랑하여라. 나는 주다.

레위기 20:26   너희는 나에게 거룩할지어다 이는 나 여호와가 거룩하고
내가 또 너희를 나의 소유로 삼으려고
너희를 만민 중에서 구별하였음이니라

새번역 나 주가 거룩하니, 너희도 나에게 거룩한 사람이 되어야 한다.
나는 너희를 뭇 백성 가운데서 골라서, 나의 백성이 되게 하였다.

묵상하기

레위기에는 성막 안에서 드려지는 제사와 제사드리는 자들에 대한 율법이 기록되어 있습니다. 그리고 실제 삶에서 어떻게 살아야 하는지에 대한 율법도 나옵니다. 여기서 핵심은 '거룩함'입니다. "내가 거룩하니 너희도 거룩하라"는 명령이 계속됩니다. 먼저 하나님과의 수직적인 관계(제사와 예배)를 다루고, 이웃과의 수평적인 관계(거룩한 삶)를 다루고 있습니다. 즉 그리스도인은 하나님과의 관계에서 거룩함으로 섬겨야 하고, 그다음 이웃과의 관계에서 거룩함을 추구해야 합니다. 이것이 하나님의 백성이 삶으로 드려야 하는 예배의 모습입니다.

레위기 19:2

레위기 19:18

레위기 20:26

레위기 26:12 나는 너희 중에 행하여 너희의 하나님이 되고
너희는 내 백성이 될 것이니라
새번역 나는 너희 사이에서 거닐겠다. 나는 너희의 하나님이 되고,
너희는 나의 백성이 될 것이다.

민수기 14:8 여호와께서 우리를 기뻐하시면
우리를 그 땅으로 인도하여 들이시고 그 땅을 우리에게 주시리라
이는 과연 젖과 꿀이 흐르는 땅이니라
새번역 주님께서 우리를 사랑하신다면, 그 땅으로 우리를 인도하실 것입니다.
젖과 꿀이 흐르는 그 땅을 우리에게 주실 것입니다.

민수기 14:18 여호와는 노하기를 더디하시고 인자가 많아 죄악과 허물을
사하시나 형벌 받을 자는 결단코 사하지 아니하시고 아버지의
죄악을 자식에게 갚아 삼사 대까지 이르게 하리라 하셨나이다
새번역 '나 주는 노하기를 더디하고, 사랑이 넘치어서 죄와 허물을 용서한다.
그러나 나는 죄를 벌하지 않은 채 그냥 넘기지는 아니한다. 나는, 아버지가 죄를
지으면 본인뿐만 아니라 자손 삼사 대까지 벌을 내린다' 하고 말씀하셨으니,

레위기 26:12

민수기 14:8

민수기 14:18

민수기 14:22   내 영광과 애굽과 광야에서 행한 내 이적을 보고서도
이같이 열 번이나 나를 시험하고
내 목소리를 청종하지 아니한 그 사람들은

새번역 나의 영광을 보고도, 내가 이집트와 광야에서 보여 준 이적을 보고도,
열 번이나 거듭 나를 시험하고 내 말에 순종하지 않은 사람들은, 어느 누구도,

민수기 14:23   내가 그들의 조상들에게 맹세한 땅을 결단코 보지 못할 것이요
또 나를 멸시하는 사람은 한 사람도 그것을 보지 못하리라

새번역 내가 그들의 조상들에게 주기로 맹세한 그 땅을 못 볼 것이다.
나를 멸시한 사람은, 어느 누구도 그 땅을 못 볼 것이다.

✒ 묵상하기

민수기는 시내산에서 시작하여 가나안 동쪽 모압 평지에 이르기까지의 여정을 기록하고 있습니다. 하나님은 이스라엘의 끝없는 불평과 원망과 배신에도 그들과 친히 맺으신 언약을 이루십니다. 민수기의 핵심은 이스라엘 백성 가운데 함께하시는 하나님의 임재와, 성막을 중심으로 하나님께 드리는 예배(제사)입니다. 이스라엘 백성은 성막을 중심으로 진을 치고, 불기둥과 구름기둥이 멈추고 움직이는 것에 따라 광야에서 멈추고 진군합니다. 이는 예배의 삶을 살아가는 백성에게 하나님께서 함께하신다는 임재의 상징입니다.

민수기 14:22

민수기 14:23

신명기 6:4   이스라엘아 들으라
우리 하나님 여호와는 오직 유일한 여호와이시니

새번역 이스라엘은 들으십시오.
주님은 우리의 하나님이시요, 주님은 오직 한 분뿐이십니다.

신명기 6:5   너는 마음을 다하고 뜻을 다하고 힘을 다하여
네 하나님 여호와를 사랑하라

새번역 당신들은 마음을 다하고 뜻을 다하고 힘을 다하여,
주 당신들의 하나님을 사랑하십시오.

신명기 6:6   오늘 내가 네게 명하는 이 말씀을 너는 마음에 새기고

새번역 내가 오늘 당신들에게 명하는 이 말씀을 마음에 새기고,

묵상하기

가나안이 보이는 모압 평지에 이스라엘의 새로운 세대(출애굽 2세대)가 모여 있습니다. 지도자가 모세에서 여호수아로 바뀝니다. 약속의 땅 가나안을 차지할 거룩한 전쟁을 목전에 둔 중요한 순간에 모세는 하나님의 율법을 마지막 설교로 전합니다.

즉 신명기는 모세의 설교집입니다. 고별설교 세 편이 담겨 있지요. 출애굽을 기억하지 못하는 새로운 세대에게 하나님의 구원, 인도, 언약에 대해 전하고 있습니다.

모세오경의 마지막 책인 신명기는 앞선 책들의 핵심주제를 모아서 요약한 것입니다.

신명기 6:4

신명기 6:5

신명기 6:6

신명기 6:7　네 자녀에게 부지런히 가르치며
집에 앉았을 때에든지 길을 갈 때에든지 누워 있을 때에든지
일어날 때에든지 이 말씀을 강론할 것이며

새번역 자녀에게 부지런히 가르치며, 집에 앉아 있을 때나 길을 갈 때나,
누워 있을 때나 일어나 있을 때나, 언제든지 가르치십시오.

신명기 10:12　이스라엘아 네 하나님 여호와께서 네게 요구하시는 것이 무엇이냐
곧 네 하나님 여호와를 경외하여 그의 모든 도를 행하고
그를 사랑하며 마음을 다하고 뜻을 다하여
네 하나님 여호와를 섬기고

새번역 이스라엘 자손 여러분, 지금 주 당신들의 하나님이 당신들에게 원하시는 것이
무엇인지 아십니까? 주 당신들의 하나님을 경외하며, 그의 모든 길을 따르며,
그를 사랑하며, 마음을 다하고 정성을 다하여 주 당신들의 하나님을 섬기며,

신명기 10:13　내가 오늘 네 행복을 위하여 네게 명하는
여호와의 명령과 규례를 지킬 것이 아니냐

새번역 당신들이 행복하게 살도록 내가 오늘 당신들에게 명하는
주 당신들의 하나님의 명령과 규례를 지키는 일이 아니겠습니까?

신명기 6:7

신명기 10:12

신명기 10:13

신명기 28:1   네가 네 하나님 여호와의 말씀을 삼가 듣고
              내가 오늘 네게 명령하는 그의 모든 명령을 지켜 행하면
              네 하나님 여호와께서 너를 세계 모든 민족 위에
              뛰어나게 하실 것이라

              새번역 당신들이 주 당신들의 하나님의 말씀을 귀담아 듣고, 내가 오늘
              당신들에게 명한 그 모든 명령을 주의 깊게 지키면, 주 당신들의 하나님이
              당신들을 세상의 모든 민족 위에 뛰어나게 하실 것입니다.

신명기 32:10   여호와께서 그를 황무지에서, 짐승이 부르짖는 광야에서 만나시고
              호위하시며 보호하시며 자기의 눈동자같이 지키셨도다

              새번역 주님께서 광야에서 야곱을 찾으셨고, 짐승의 울음소리만 들려 오는
              황야에서 그를 만나, 감싸 주고, 보호하고, 당신의 눈동자처럼 지켜 주셨다.

여호수아 1:8   이 율법책을 네 입에서 떠나지 말게 하며
              주야로 그것을 묵상하여 그 안에 기록된 대로 다 지켜 행하라
              그리하면 네 길이 평탄하게 될 것이며 네가 형통하리라

              새번역 이 율법책의 말씀을 늘 읽고 밤낮으로 그것을 공부하여,
              이 율법책에 씌어진 대로, 모든 것을 성심껏 실천하여라.
              그리하면 네가 가는 길이 순조로울 것이며, 네가 성공할 것이다.

신명기 28:1

신명기 32:10

여호수아 1:8

여호수아 1:9   내가 네게 명령한 것이 아니냐 강하고 담대하라
두려워하지 말며 놀라지 말라 네가 어디로 가든지
네 하나님 여호와가 너와 함께 하느니라 하시니라

새번역 내가 너에게 굳세고 용감하라고 명하지 않았느냐! 너는 두려워하거나
낙담하지 말아라. 네가 어디로 가든지, 너의 주, 나 하나님이 함께 있겠다.

여호수아 6:20   이에 백성은 외치고 제사장들은 나팔을 불매 백성이 나팔 소리를
들을 때에 크게 소리 질러 외치니 성벽이 무너져 내린지라
백성이 각기 앞으로 나아가 그 성에 들어가서 그 성을 점령하고

새번역 제사장들이 나팔을 불었다. 그 나팔 소리를 듣고서, 백성이 일제히 큰소리로
외치니, 성벽이 무너져 내렸다. 백성이 일제히 성으로 진격하여 그 성을 점령하였다.

묵상하기

드디어 이스라엘 백성이 약속의 땅 가나안에 들어갑니다. 그리고 그 땅을 정복합니다. 여호
수아서는 여리고 성 전투에서 가장 잘 나타나는 것처럼, '하나님께서 친히 하시는 거룩한 전
쟁' 이야기를 담고 있습니다. 이 전쟁은 이스라엘 백성이 하는 것이 아니라, 하나님께서 하시
는 거룩한 전쟁입니다. 이스라엘에게는 오직 하나님께만 충성하라는 명령이 내려집니다. 이
전쟁에서 하나님은 가나안의 우상을 진멸하시고 그 땅의 진정한 왕으로 임재하십니다. 전쟁
후 그의 백성에게는 '안식'이 주어지고 '약속'이 '성취'됩니다.

여호수아 1:9

_____

_____

_____

_____

여호수아 6:20

_____

_____

_____

_____

_____

여호수아 11:23　이와 같이 여호수아가 여호와께서 모세에게 말씀하신 대로
그 온 땅을 점령하여 이스라엘 지파의 구분에 따라
기업으로 주매 그 땅에 전쟁이 그쳤더라

새번역 여호수아는, 주님께서 모세에게 말씀하신 대로, 모든 땅을 점령하고,
그것을 이스라엘 지파의 구분을 따라 유산으로 주었다.
그래서 그 땅에서는 전쟁이 그치고, 사람들은 평화를 누리게 되었다.

여호수아 24:15　만일 여호와를 섬기는 것이 너희에게 좋지 않게 보이거든
너희 조상들이 강 저쪽에서 섬기던 신들이든지
또는 너희가 거주하는 땅에 있는 아모리 족속의 신들이든지
너희가 섬길 자를 오늘 택하라
오직 나와 내 집은 여호와를 섬기겠노라

새번역 주님을 섬기고 싶지 않거든, 조상들이 강 저쪽의 메소포타미아에서 섬기던
신들이든지, 아니면 당신들이 살고 있는 땅 아모리 사람들의 신들이든지,
당신들이 어떤 신들을 섬길 것인지를 오늘 선택하십시오.
나와 나의 집안은 주님을 섬길 것입니다.

사사기 2:16　여호와께서 사사들을 세우사 노략자의 손에서
그들을 구원하게 하셨으나

새번역 그 뒤에 주님께서는 사사들을 일으키셔서,
그들을 약탈자의 손에서 구하여 주셨다.

여호수아 11:23

여호수아 24:15

사사기 2:16

사사기 2:17   그들이 그 사사들에게도 순종하지 아니하고
오히려 다른 신들을 따라가 음행하며 그들에게 절하고
여호와의 명령을 순종하던 그들의 조상들이 행하던 길에서
속히 치우쳐 떠나서 그와 같이 행하지 아니하였더라

새번역 그러나 그들은 사사들의 말도 듣지 않고, 오히려 음란하게
다른 신들을 섬기며 경배하였다. 그들은 자기 조상이 주님의 명령에 순종하며
걸어온 길에서 빠르게 떠나갔다. 그들은 조상처럼 살지 않았다.

사사기 2:19   그 사사가 죽은 후에는 그들이 돌이켜 그들의 조상들보다
더욱 타락하여 다른 신들을 따라 섬기며 그들에게 절하고
그들의 행위와 패역한 길을 그치지 아니하였으므로

새번역 그러나 사사가 죽으면 백성은 다시 돌아서서, 그들의 조상보다
더 타락하여, 다른 신들을 따르고 섬기며, 그들에게 경배하였다.
그들은 악한 행위와 완악한 행실을 버리지 않았다.

묵상하기

사사기는 여호수아가 죽은 후부터 왕정이 시작되기 전까지를 담고 있습니다. 하나님만 섬기고 사랑하라는 명령에 불순종하고 우상숭배하는 이스라엘의 타락한 모습을 적나라하게 기록하고 있습니다. 이스라엘이 가나안을 다 물리치지 않아서 '가나안을 거룩하게 했어야 할 이스라엘'이 도리어 물들고 만 것입니다. 사사기를 읽으면서 유의할 점은 기록된 사사들이 긍정적인 사례가 아니라는 것입니다. 그들은 모범을 보이지 못했을 뿐 아니라 결함이 많았습니다. 이로써 이스라엘의 구원자는 하나님뿐이라는 사실을 더욱 부각합니다.

사사기 2:17

사사기 2:19

사사기 21:25   그 때에 이스라엘에 왕이 없으므로
사람이 각기 자기의 소견에 옳은 대로 행하였더라

새번역 그 때에는 이스라엘에 왕이 없었으므로,
사람들은 저마다 자기의 뜻에 맞는 대로 하였다.

룻기 1:16   룻이 이르되 내게 어머니를 떠나며 어머니를 따르지 말고
돌아가라 강권하지 마옵소서 어머니께서 가시는 곳에 나도 가고
어머니께서 머무시는 곳에서 나도 머물겠나이다
어머니의 백성이 나의 백성이 되고
어머니의 하나님이 나의 하나님이 되시리니

새번역 그러자 룻이 대답하였다. "나더러, 어머님 곁을 떠나라거나,
어머님을 뒤따르지 말고 돌아가라고는 강요하지 마십시오.
어머님이 가시는 곳에 나도 가고, 어머님이 머무르시는 곳에 나도 머무르겠습니다.
어머님의 겨레가 내 겨레이고, 어머님의 하나님이 내 하나님입니다."

묵상하기

룻기는 자기 백성들을 향한 하나님의 '필요 이상의' 사랑(헤세드) 이야기입니다. 사사시대, 가장과 두 아들을 잃은 나오미에게 며느리 룻은 '필요 이상으로' 사랑을 베풀어주어 함께 베들레헴으로 돌아옵니다. 그리고 보아스도 나오미에게 '필요 이상으로' 사랑을 베풀어주어 룻과 결혼하고 잃어버린 나오미의 기업을 회복하게 해주지요.
이러한 아름다운 그림언어로 하나님께서 이스라엘 백성들을 넘치게 사랑하시는 것을 표현해 주는 책이 룻기입니다. 나오미와 룻, 보아스를 통해 베풀어진 하나님의 사랑은 결국 이 계보를 통해 이스라엘에 다윗을 주심으로 완성됩니다 (룻 4:22).

사사기 21:25

롯기 1:16

룻기 4:14   여인들이 나오미에게 이르되 찬송할지로다
여호와께서 오늘 네게 기업 무를 자가 없게 하지 아니하셨도다
이 아이의 이름이 이스라엘 중에 유명하게 되기를 원하노라

새번역 그러자 이웃 여인들이 나오미에게 말하였다. "주님께 찬양을
드립니다. 주님께서는 오늘 이 집에 자손을 주셔서, 대가 끊어지지 않게
하셨습니다. 그의 이름이 이스라엘에서 늘 기리어지기를 바랍니다."

룻기 4:15   이는 네 생명의 회복자이며 네 노년의 봉양자라 곧 너를 사랑하며
일곱 아들보다 귀한 네 며느리가 낳은 자로다 하니라

새번역 "시어머니를 사랑하는 며느리, 아들 일곱보다도 더 나은 며느리가
아기를 낳아 주었으니, 그 아기가 그대에게 생기를 되찾아 줄 것이며,
늘그막에 그대를 돌보아 줄 것입니다."

사무엘상 2:7   여호와는 가난하게도 하시고 부하게도 하시며
낮추기도 하시고 높이기도 하시는도다

새번역 주님은 사람을 가난하게도 하시고, 부유하게도 하시고,
낮추기도 하시고, 높이기도 하신다.

🖋 **묵상하기**

사무엘상은 마지막 사사 사무엘부터 이스라엘의 초대 왕 사울과 다윗 왕의 이야기를 통해
서, 이스라엘이 사사시대를 지나 왕정시대로 정착되는 과정을 기록하고 있습니다. 특히 사
울 왕과 다윗 왕을 대조적으로 다루고 있지요. 하나님께서는 악한 왕(사울)을 폐위시키시고
선한 왕(다윗)을 높이시는 과정을 보여주심으로 하나님을 경외하는 의인이 결국 승리할 것이
라는 소망을 주십니다.

롯기 4:14

롯기 4:15

사무엘상 2:7

사무엘상 2:8 가난한 자를 진토에서 일으키시며 빈궁한 자를 거름더미에서 올리사
귀족들과 함께 앉게 하시며 영광의 자리를 차지하게 하시는도다
땅의 기둥들은 여호와의 것이라
여호와께서 세계를 그것들 위에 세우셨도다

새번역 가난한 사람을 티끌에서 일으키시며 궁핍한 사람을 거름더미에서 들어
올리셔서, 귀한 이들과 한자리에 앉게 하시며 영광스러운 자리를 차지하게 하신다.
이 세상을 떠받치고 있는 기초는 모두 주님의 것이다.
그분이 땅덩어리를 기초 위에 올려놓으셨다.

사무엘상 10:24 사무엘이 모든 백성에게 이르되 너희는 여호와께서
택하신 자를 보느냐 모든 백성 중에 짝할 이가 없느니라 하니
모든 백성이 왕의 만세를 외쳐 부르니라

새번역 사무엘이 온 백성에게 말하였다. "주님께서 뽑으신 이 사람을 보아라.
온 백성 가운데 이만한 인물이 없다." 그러자 온 백성이 환호성을 지르며
"임금님 만세!" 하고 외쳤다.

사무엘상 11:15 모든 백성이 길갈로 가서 거기서 여호와 앞에서 사울을 왕으로 삼고
길갈에서 여호와 앞에 화목제를 드리고
사울과 이스라엘 모든 사람이 거기서 크게 기뻐하니라

새번역 그래서 온 백성이 길갈로 가서 그곳 길갈에 계시는 주님 앞에서 사울을
왕으로 세웠다. 그들은 거기에서 짐승을 잡아서 주님께 화목제물로 바쳤다.
거기에서 사울과 모든 이스라엘 사람들이 함께 크게 기뻐하였다.

사무엘상 2:8

사무엘상 10:24

사무엘상 11:15

사무엘상 13:13 사무엘이 사울에게 이르되 왕이 망령되이 행하였도다
왕이 왕의 하나님 여호와께서 왕에게 내리신 명령을
지키지 아니하였도다 그리하였더라면 여호와께서
이스라엘 위에 왕의 나라를 영원히 세우셨을 것이거늘

새번역 사무엘이 사울에게 말하였다. "해서는 안 될 일을 하셨습니다.
주 하나님이 명하신 것을 임금님이 지키지 않으셨습니다. 명령을 어기지
않으셨더라면, 임금님과 임금님의 자손이 언제까지나 이스라엘을
다스리도록 주님께서 영원토록 굳게 세워 주셨을 것입니다."

사무엘상 13:14 지금은 왕의 나라가 길지 못할 것이라
여호와께서 왕에게 명령하신 바를 왕이 지키지 아니하였으므로
여호와께서 그의 마음에 맞는 사람을 구하여
여호와께서 그를 그의 백성의 지도자로 삼으셨느니라

새번역 "그러나 이제는 임금님의 왕조가 더 이상 계속되지 못할 것입니다. 주님께서
임금님께 명하신 것을 임금님이 지키지 않으셨기 때문에, 주님께서는 달리 마음에
맞는 사람을 찾아서, 그를, 당신의 백성을 다스릴 영도자로 세우셨습니다."

사무엘상 15:22 사무엘이 이르되 여호와께서 번제와 다른 제사를
그의 목소리를 청종하는 것을 좋아하심같이 좋아하시겠나이까
순종이 제사보다 낫고 듣는 것이 숫양의 기름보다 나으니

새번역 사무엘이 나무랐다. "주님께서 어느 것을 더 좋아하시겠습니까?
주님의 말씀에 순종하는 것이겠습니까? 아니면, 번제나 화목제를 드리는
것이겠습니까? 잘 들으십시오. 순종이 제사보다 낫고,
말씀을 따르는 것이 숫양의 기름보다 낫습니다."

사무엘상 13:13

사무엘상 13:14

사무엘상 15:22

사무엘상 16:7 여호와께서 사무엘에게 이르시되 그의 용모와 키를 보지 말라
내가 이미 그를 버렸노라 내가 보는 것은 사람과 같지 아니하니
사람은 외모를 보거니와 나 여호와는 중심을 보느니라 하시더라

새번역 그러나 주님께서 사무엘에게 이르셨다. "너는 그의 준수한 겉모습과
큰 키만을 보아서는 안 된다. 그는 내가 세운 사람이 아니다.
나는 사람이 판단하는 것처럼 그렇게 판단하지는 않는다.
사람은 겉모습만을 따라 판단하지만, 나 주는 중심을 본다."

사무엘하 5:5 헤브론에서 칠 년 육 개월 동안 유다를 다스렸고 예루살렘에서
삼십삼 년 동안 온 이스라엘과 유다를 다스렸더라

새번역 그는 헤브론에서 일곱 해 여섯 달 동안 유다를 다스리고,
예루살렘에서 서른세 해 동안 온 이스라엘과 유다를 다스렸다.

사무엘하 7:11 전에 내가 사사에게 명령하여 내 백성 이스라엘을 다스리던 때와
같지 아니하게 하고 너를 모든 원수에게서 벗어나 편히 쉬게 하리라
여호와가 또 네게 이르노니 여호와가 너를 위하여 집을 짓고

새번역 이전에 내가 나의 백성 이스라엘에게 사사들을 세워 준 때와는 달리,
내가 너를 너의 모든 원수로부터 보호하여서, 평안히 살게 하겠다. 그뿐만 아니라,
나 주가 너의 집안을 한 왕조로 만들겠다는 것을 이제 나 주가 너에게 선언한다.

사무엘상 16:7

사무엘하 5:5

사무엘하 7:11

사무엘하 7:12	네 수한이 차서 네 조상들과 함께 누울 때에 내가 네 몸에서 날 네 씨를 네 뒤에 세워 그의 나라를 견고하게 하리라

새번역 너의 생애가 다하여서, 네가 너의 조상들과 함께 묻히면,
내가 네 몸에서 나올 자식을 후계자로 세워서, 그의 나라를 튼튼하게 하겠다.

사무엘하 8:14b	다윗이 어디로 가든지 여호와께서 이기게 하셨더라

새번역 다윗이 어느 곳으로 출전하든지, 주님께서 그에게 승리를 안겨 주셨다.

사무엘하 8:15	다윗이 온 이스라엘을 다스려 다윗이 모든 백성에게 정의와 공의를 행할새

새번역 다윗이 왕이 되어서 이렇게 온 이스라엘을 다스릴 때에,
그는 언제나 자기의 백성 모두를 공평하고 의로운 법으로 다스렸다.

✒ 묵상하기

사무엘서의 가장 중요한 주제는 '하나님의 주권(왕권)'입니다. 진정한 통치자이며 위대한 왕
이신 여호와 하나님이 이스라엘을 어떻게 다스리시는지 보여줍니다. 하나님의 주권은 왕의
선택과 왕조의 변화, 왕국의 분열, 악한 왕과 선한 왕의 대조를 통해 잘 드러납니다.
사무엘하에서는 다윗 왕의 통치가 유다에서 온 이스라엘로 확대되고 다윗 왕조는 하나님과
영원한 언약을 맺습니다. 그러나 불완전한 왕들의 모습은 영원한 왕, 메시아를 간절히 소망
하고 기다리게(대망하게) 합니다.

사무엘하 7:12

_____

_____

_____

사무엘하 8:14b

_____

_____

사무엘하 8:15

_____

_____

사무엘하 12:13 다윗이 나단에게 이르되 내가 여호와께 죄를 범하였노라 하매
나단이 다윗에게 말하되 여호와께서도
당신의 죄를 사하셨나니 당신이 죽지 아니하려니와

새번역 그 때에 다윗이 나단에게 자백하였다. "내가 주님께 죄를 지었습니다."
나단이 다윗에게 말하였다. "주님께서 임금님의 죄를 용서해 주실 것입니다.
그러므로 임금님은 죽지는 않으실 것입니다."

열왕기상 3:25 왕이 이르되 산 아이를 둘로 나누어
반은 이 여자에게 주고 반은 저 여자에게 주라

새번역 왕이 명령을 내렸다. "살아 있는 이 아이를 둘로 나누어서,
반쪽은 이 여자에게 주고, 나머지 반쪽은 저 여자에게 주어라."

열왕기상 9:4 네가 만일 네 아버지 다윗이 행함같이 마음을 온전히 하고
바르게 하여 내 앞에서 행하며 내가 네게 명령한 대로
온갖 일에 순종하여 내 법도와 율례를 지키면

새번역 너는 내 앞에서 네 아버지 다윗처럼 살아라. 그리하여 내가 네게 명한 것을
실천하고, 내가 네게 준 율례와 규례를 온전한 마음으로 올바르게 지켜라.

사무엘하 12:13

열왕기상 3:25

열왕기상 9:4

열왕기상 9:5   내가 네 아버지 다윗에게 말하기를 이스라엘의 왕위에
오를 사람이 네게서 끊어지지 아니하리라 한 대로
네 이스라엘의 왕위를 영원히 견고하게 하려니와

새번역 그리하면 내가 네 아버지 다윗에게, 이스라엘의 왕좌에 앉을 사람이
그에게서 끊어지지 아니할 것이라고 약속한 대로,
이스라엘을 다스릴 네 왕좌를, 영원히 지켜 주겠다.

열왕기상 9:6   만일 너희나 너희의 자손이 아주 돌아서서 나를 따르지 아니하며
내가 너희 앞에 둔 나의 계명과 법도를 지키지 아니하고
가서 다른 신을 섬겨 그것을 경배하면

새번역 그러나 너와 네 자손이 나를 따르지 아니하고 등을 돌리거나,
내가 네게 일러준 내 계명과 율례를 지키지 아니하고, 곁길로 나아가서,
다른 신들을 섬겨 그들을 숭배하면,

✒ 묵상하기

열왕기는 율법(하나님의 말씀)에 대한 순종 여부를 기준으로 왕들을 판단합니다. 따라서 열왕기는 하나님의 주권과 언약에 중점을 두고 있으며, 이스라엘의 진정한 주인이 하나님인 것을 보여줌과 동시에 이스라엘의 영광과 멸망은 하나님께 달려 있음을 보여줍니다.
열왕기상은 이스라엘 최고의 부귀영화를 누렸던 솔로몬시대부터 아합시대까지의 이야기를 통해서 하나님의 주권과 언약을 보여줍니다. 대표 선지자로는 엘리야가 활동했습니다.

열왕기상 9:5

_____

_____

_____

_____

_____

열왕기상 9:6

_____

_____

_____

_____

열왕기상 9:7 내가 이스라엘을 내가 그들에게 준 땅에서 끊어 버릴 것이요
내 이름을 위하여 내가 거룩하게 구별한 이 성전이라도
내 앞에서 던져버리리니 이스라엘은 모든 민족 가운데에서
속담거리와 이야기거리가 될 것이며
새번역 나는, 내가 준 그 땅에서 이스라엘을 끊어 버릴 것이고, 내 이름을
기리도록 거룩하게 구별한 성전을 외면하겠다. 그러면 이스라엘은 모든
민족 사이에서, 한낱 속담거리가 되고, 웃음거리가 되고 말 것이다.

열왕기상 11:11 여호와께서 솔로몬에게 말씀하시되 네게 이러한 일이 있었고
또 네가 내 언약과 내가 네게 명령한 법도를 지키지 아니하였으니
내가 반드시 이 나라를 네게서 빼앗아 네 신하에게 주리라
새번역 그러므로 주님께서 솔로몬에게 이렇게 말씀하셨다. "네가 이러한 일을
하였고, 내 언약과 내가 너에게 명령한 내 법규를 지키지 아니하였으니,
내가 반드시 네게서 왕국을 떼어서, 네 신하에게 주겠다."

열왕기상 18:39 모든 백성이 보고 엎드려 말하되 여호와 그는 하나님이시로다
여호와 그는 하나님이시로다 하니
새번역 온 백성이 이것을 보고, 땅에 엎드려서 말하였다.
"그가 주 하나님이시다! 그가 주 하나님이시다!"

60

열왕기상 9:7

열왕기상 11:11

열왕기상 18:39

열왕기하 17:20	여호와께서 이스라엘의 온 족속을 버리사 괴롭게 하시며
	노략꾼의 손에 넘기시고 마침내 그의 앞에서 쫓아내시니라

^{새번역} 그리하여 주님께서는 이스라엘의 모든 자손을 내쫓으시고, 그들을 징계하여 침략자들의 손에 넘겨주셔서, 마침내는 주님의 면전에서 내쫓기까지 하셨다.

열왕기하 23:27	여호와께서 이르시되 내가 이스라엘을 물리친 것같이
	유다도 내 앞에서 물리치며 내가 택한 이 성 예루살렘과
	내 이름을 거기에 두리라 한 이 성전을 버리리라 하셨더라

^{새번역} 그래서 주님께서는 이렇게 말씀하셨다. "이스라엘을 내가 외면하였듯이, 유다도 내가 외면할 것이요, 내가 선택한 도성 예루살렘과 나의 이름을 두겠다고 말한 그 성전조차도, 내가 버리겠다."

열왕기하 24:20a	여호와께서 예루살렘과 유다를 진노하심이
	그들을 그 앞에서 쫓아내실 때까지 이르렀더라

^{새번역} 예루살렘과 유다가 주님을 그토록 진노하시게 하였기 때문에, 주님께서는 마침내 그들을 주님 앞에서 쫓아내셨다.

묵상하기

열왕기는 하나님께서 이스라엘과 맺은 언약에도 불구하고 이스라엘이 멸망하게 된 과정과 이유를 기록하고 있습니다. 이는 (하나님께서 이스라엘을 버리신 것이 아니라) 이스라엘 왕들의 잘못된 통치로 인한 것이었습니다. 그러나 여호야긴이 풀려나는 사건을 통해서 다윗과 맺은 언약대로 그의 자손을 멸하지 않고 끝까지 붙드시는 하나님을 발견할 수 있고 결국 하나님의 언약이 성취될 것이라는 희망을 보게 됩니다.

열왕기하는 아하시야와 여호람의 시대부터 남유다와 북이스라엘의 멸망까지를 다루고 있습니다. 대표 선지자로는 엘리사가 활동했습니다.

열왕기하 17:20

열왕기하 23:27

열왕기하 24:20a

역대상 11:1 　온 이스라엘이 헤브론에 모여 다윗을 보고 이르되
　　　　　　 우리는 왕의 가까운 혈족이니이다

새번역 온 이스라엘이 헤브론에 있는 다윗에게 몰려와서 말하였다.
"우리는 임금님과 한 골육입니다."

역대상 16:34 여호와께 감사하라 그는 선하시며
　　　　　　 그의 인자하심이 영원함이로다

새번역 주님께 감사하여라. 그는 선하시며, 그의 인자하심은 영원하시다.

역대상 29:11 여호와여 위대하심과 권능과 영광과 승리와 위엄이
　　　　　　 다 주께 속하였사오니 천지에 있는 것이 다 주의 것이로소이다
　　　　　　 여호와여 주권도 주께 속하였사오니
　　　　　　 주는 높으사 만물의 머리이심이니이다

새번역 주님, 위대함과 능력과 영광과 승리와 존귀가 모두 주님의 것입니다.
하늘과 땅에 있는 모든 것이 다 주님의 것입니다. 그리고 이 나라도 주님의
것입니다. 주님께서는 만물의 머리 되신 분으로 높임을 받아 주십시오!

✒ 묵상하기

역대기의 히브리어 제목은 '그 시대의 사건들'이라는 뜻입니다. 역대라는 책 제목처럼 아
담에서 이어지는 이스라엘 역사는 마침내 오실 다윗의 후손에 대한 소망으로 이어집니다.
역대상은 아담에서 시작하여 다윗시대까지를 다루며, 특히 다윗과 맺은 언약과 성전 건축
준비에 주목하고 있습니다. 그리고 역대하는 솔로몬시대부터 바벨론 포로 시기가 끝나는 시
점인 고레스 왕의 칙령까지를 다루며, 특히 솔로몬에 의한 성전 건축과 다윗의 후손에 주목
하고 있습니다.

역대상 11:1

역대상 16:34

역대상 29:11

내 이름으로 일컫는 내 백성이 그들의 악한 길에서 떠나
스스로 낮추고 기도하여 내 얼굴을 찾으면
내가 하늘에서 듣고 그들의 죄를 사하고 그들의 땅을 고칠지라

새번역 내 이름으로 일컫는 나의 백성이 스스로 겸손해져서,
기도하며 나를 찾고, 악한 길에서 떠나면, 내가 하늘에서 듣고
그 죄를 용서하여 주며, 그 땅을 다시 번영시켜 주겠다.

네가 만일 내 앞에서 행하기를 네 아버지 다윗이 행한 것과 같이 하여
내가 네게 명령한 모든 것을 행하여 내 율례와 법규를 지키면

새번역 너는 내 앞에서 네 아버지 다윗처럼 살아라. 그래서 내가 네게
명한 것을 실천하고, 내가 네게 준 율례와 규례를 지켜라.

내가 네 나라 왕위를 견고하게 하되 전에
내가 네 아버지 다윗과 언약하기를 이스라엘을 다스릴 자가
네게서 끊어지지 아니하리라 한 대로 하리라

새번역 그러면 내가 네 아버지 다윗에게 '네 자손 가운데서 이스라엘을 다스릴 사람이
끊어지지 않게 하겠다' 하고 언약한 대로, 네 나라의 왕좌를 튼튼하게 해주겠다.

묵상하기

역대기 기자가 그 당시 원청자(포로기 이후 귀환한 이스라엘 백성)에게 가장 들려주고자 하는 주제는 '이스라엘의 회복'이었습니다. 이스라엘의 회복은 성전의 건축, 올바른 예배의 회복, 다윗과 맺은 언약의 자손들에 의해 이루어집니다. 성전 건축에 있어서는 레위 사람에 대한 관심으로 표현됩니다. 성전과 관련된 이야기는 하나님의 임재를 의미하기에 중요합니다. 이스라엘의 회복은 하나님의 임재를 통해 이루어지기 때문입니다.
역대기 기자는 사무엘서, 열왕기와는 다른 관점으로 역사를 서술하고 정리했습니다.

역대하 7:14

역대하 7:17

역대하 7:18

역대하 20:20 　　　이에 백성들이 아침에 일찍이 일어나서 드고아 들로 나가니라
　　　　　　　　　나갈 때에 여호사밧이 서서 이르되 유다와 예루살렘 주민들아
　　　　　　　　　내 말을 들을지어다 너희는 너희 하나님 여호와를 신뢰하라
　　　　　　　　　그리하면 견고히 서리라 그의 선지자들을 신뢰하라
　　　　　　　　　그리하면 형통하리라 하고

　　　　　　　　　새번역 백성은 다음날 아침 일찍 일어나서, 드고아 들로 나갔다.
　　　　　　　　　나갈 때에, 여호사밧이 나서서 격려하였다. "유다와 예루살렘 주민은
　　　　　　　　　내가 하는 말을 들으십시오. 주 우리의 하나님을 믿어야만 흔들리지 않습니다.
　　　　　　　　　주님께서 보내신 예언자들을 신뢰하십시오. 우리는 반드시 이깁니다."

에스라 1:3 　　　이스라엘의 하나님은 참 신이시라 너희 중에
　　　　　　　　　그의 백성 된 자는 다 유다 예루살렘으로 올라가서
　　　　　　　　　이스라엘의 하나님 여호와의 성전을 건축하라
　　　　　　　　　그는 예루살렘에 계신 하나님이시라

　　　　　　　　　새번역 이 나라 사람 가운데서, 하나님을 섬기는 모든 사람은 유다에 있는
　　　　　　　　　예루살렘으로 올라가서, 그 곳에 계시는 하나님 곧 주 이스라엘의
　　　　　　　　　하나님의 성전을 지어라. 그 백성에게 하나님이 함께 계시기를 빈다.

묵상하기

이스라엘의 남은 자들(스 9:8)이 바벨론 포로생활을 마치고 약속의 땅으로 돌아옵니다. 이것은 하나님의 예언이 성취되었음을 보여주는 사건이었습니다. 이스라엘로 돌아온 그들은 가장 먼저 하나님의 임재를 상징하는 성전을 재건합니다. 또한 에스라서는 하나님의 율법을 연구하여 그것을 이스라엘에게 가르치는 "율법에 완전한 학자 겸 제사장 에스라"(스 7:12)를 통해서 올바른 예배가 회복되는 과정을 보여줍니다. 이렇듯 이스라엘의 회복은 성전 재건과 예배 회복을 통해 이루어집니다.

역대하 20:20

에스라 1:3

에스라 2:1

옛적에 바벨론 왕 느부갓네살에게 사로잡혀 바벨론으로
갔던 자들의 자손들 중에서 놓임을 받고 예루살렘과 유다
도로 돌아와 각기 각자의 성읍으로 돌아간 자

새번역 바빌로니아 왕 느부갓네살에게 사로잡혀 바빌로니아로 끌려간 사람 가운데서,
많은 사람이 바빌로니아 각 지방을 떠나, 저마다 고향 땅인
예루살렘과 유다로 돌아왔다.

에스라 6:3a

고레스 왕 원년에 조서를 내려 이르기를 예루살렘에 있는
하나님의 성전에 대하여 이르노니 이 성전 곧 제사 드리는
처소를 건축하되 지대를 견고히 쌓고

새번역 고레스 왕 일년에, 왕께서 예루살렘에 있는 성전에 관하여 칙령을 내리시다.
희생제사를 드리던 바로 그 곳에 성전을 다시 세워라. 기초를 튼튼히 다지고,

에스라 6:14

유다 사람의 장로들이 선지자 학개와 잇도의 손자
스가랴의 권면을 따랐으므로 성전 건축하는 일이 형통한지라
이스라엘 하나님의 명령과 바사 왕 고레스와 다리오와
아닥사스다의 조서를 따라 성전을 건축하며 일을 끝내되

새번역 학개 예언자와 잇도의 아들 스가랴가 성전 공사를 격려하였다.
유다의 원로들은 계속하여 성전을 지었고, 공사는 순조롭게 진행되었다.
그들은 이스라엘의 하나님의 명과 페르시아 왕 고레스와 다리우스와
아닥사스다의 칙령을 따라서, 성전 짓는 일을 끝낼 수 있었다.

에스라 2:1

에스라 6:3a

에스라 6:14

에스라 6:15 다리오 왕 제육년 아달월 삼일에 성전 일을 끝내니라

새번역 성전 건축이 끝난 것은 다리우스 왕 육년 아달월 삼일이다.

에스라 7:10 에스라가 여호와의 율법을 연구하여 준행하며
율례와 규례를 이스라엘에게 가르치기로 결심하였었더라

새번역 에스라는 주님의 율법을 깊이 연구하고 지켰으며, 또한 이스라엘
사람들에게 율례와 규례를 가르치는 일에 헌신하였다.

에스라 7:27 우리 조상들의 하나님 여호와를 송축할지로다 그가 왕의 마음에
예루살렘 여호와의 성전을 아름답게 할 뜻을 두시고

새번역 주 우리 조상의 하나님을 찬양하여라. 하나님은 왕에게 예루살렘에 있는
주님의 성전을 영화롭게 하려는 마음을 주셨다.

느헤미야 2:17 후에 그들에게 이르기를 우리가 당한 곤경은 너희도 보고 있는 바라
예루살렘이 황폐하고 성문이 불탔으니 자, 예루살렘 성을 건축하여
다시 수치를 당하지 말자

새번역 이렇게 돌아보고 난 다음에, 나는 비로소 관리들에게 말하였다.
"여러분이 아는 바와 같이, 우리는 지금 어려움에 빠져 있습니다. 예루살렘은
폐허가 되고, 성문들은 불탔습니다. 이제 예루살렘 성벽을 다시 쌓읍시다.
남에게 이런 수모를 받는 일이 다시는 없어야 할 것입니다."

에스라 6:15

에스라 7:10

에스라 7:27

느헤미야 2:17

느헤미야 4:6　　　　이에 우리가 성을 건축하여 전부가 연결되고 높이가 절반에
　　　　　　　　　이르렀으니 이는 백성이 마음 들여 일을 하였음이니라

　　　　　　　　　ᴺᴱᵂ새번역 우리는 성 쌓는 일을 계속하였다. 백성이 마음을 모아서 열심히 일하였으므로,
　　　　　　　　　성벽 두르기는 마칠 수 있었으나, 높이는 반밖에 쌓지 못하였다.

느헤미야 6:15　　　성벽 역사가 오십이 일 만인 엘룰월 이십오일에 끝나매

　　　　　　　　　ᴺᴱᵂ새번역 성벽 공사는 오십이 일 만인 엘룰월 이십오일에 끝났다.

느헤미야 6:16　　　우리의 모든 대적과 주위에 있는 이방 족속들이
　　　　　　　　　이를 듣고 다 두려워하여 크게 낙담하였으니
　　　　　　　　　그들이 우리 하나님께서 이 역사를 이루신 것을 앎이니라

　　　　　　　　　ᴺᴱᵂ새번역 우리의 모든 원수와 주변의 여러 민족이 이 소식을 듣고,
　　　　　　　　　완공된 성벽도 보았다. 그제서야 우리의 원수는, 이 공사가 우리 하나님의
　　　　　　　　　도움으로 이루어진 것임을 깨달았다. 그래서 그들은 기가 꺾였다.

묵상하기

느헤미야서는 에스라서와 마찬가지로 이스라엘 백성의 정체성 확립을 위해 무엇이 중요한
지 보여줍니다. 바벨론에서 3차로 귀환한 느헤미야는 예루살렘 성벽을 52일 만에 재건하고,
율법을 토대로 예루살렘과 백성들의 삶을 개혁해 나갑니다. 성벽을 재건한 뒤, 에스라가 모
세의 율법을 낭독하는 것을 시작으로 초막절을 지키면서 하나님과의 언약을 새롭게 갱신합
니다. 여호와의 율법에 합당한 삶을 위해 나라를 개혁하는 것이지요. 느헤미야서는 이 모든
것이 주권적인 하나님의 일하심과 돌보심에 의한 것임을 보여줍니다.

느헤미야 4:6

느헤미야 6:15

느헤미야 6:16

느헤미야 8:6

에스라가 위대하신 하나님 여호와를 송축하매
모든 백성이 손을 들고 아멘 아멘 하고 응답하고
몸을 굽혀 얼굴을 땅에 대고 여호와께 경배하니라

새번역 에스라가 위대하신 주 하나님을 찬양하면, 백성들은 모두 손을 들고
"아멘! 아멘!" 하고 응답하고, 엎드려 얼굴을 땅에 대고 주님께 경배하였다.

느헤미야 8:10

느헤미야가 또 그들에게 이르기를 너희는 가서 살진 것을 먹고
단 것을 마시되 준비하지 못한 자에게는 나누어 주라
이 날은 우리 주의 성일이니 근심하지 말라
여호와로 인하여 기뻐하는 것이 너희의 힘이니라 하고

새번역 느헤미야는 그들에게 말하였다. "돌아들 가십시오. 살진 짐승들을
잡아 푸짐하게 차려서, 먹고 마시도록 하십시오. 아무것도 차리지 못한
사람들에게는, 먹을 몫을 보내 주십시오. 오늘은 우리 주님의 거룩한 날입니다.
주님 앞에서 기뻐하면 힘이 생기는 법이니, 슬퍼하지들 마십시오."

에스더 4:14

이때에 네가 만일 잠잠하여 말이 없으면
유다인은 다른 데로 말미암아 놓임과 구원을 얻으려니와
너와 네 아버지 집은 멸망하리라 네가 왕후의 자리를 얻은 것이
이때를 위함이 아닌지 누가 알겠느냐 하니

새번역 이런 때에 왕후께서 입을 다물고 계시면, 유다 사람들은 다른 곳에서라도
도움을 얻어서, 마침내는 구원을 받고 살아날 것이지만, 왕후와 왕후의 집안은
멸망할 것입니다. 왕후께서 이처럼 왕후의 자리에 오르신 것이
바로 이런 일 때문인지를 누가 압니까?

느헤미야 8:6

느헤미야 8:10

에스더 4:14

에스더 4:16　　　당신은 가서 수산에 있는 유다인을 다 모으고 나를 위하여
　　　　　　　　금식하되 밤낮 삼 일을 먹지도 말고 마시지도 마소서
　　　　　　　　나도 나의 시녀와 더불어 이렇게 금식한 후에
　　　　　　　　규례를 어기고 왕에게 나아가리니 죽으면 죽으리이다 하니라

　　　　　　　　새번역 "어서 수산에 있는 유다 사람들을 한곳에 모으시고, 나를 위하여 금식하게
　　　　　　　　하십시오. 사흘 동안은 밤낮 먹지도 마시지도 말게 하십시오. 나와 내 시녀들도
　　　　　　　　그렇게 금식하겠습니다. 그렇게 하고 난 다음에는, 법을 어기고서라도,
　　　　　　　　내가 임금님께 나아가겠습니다. 그러다가 죽으면, 죽으렵니다."

에스더 8:17　　　왕의 어명이 이르는 각 지방, 각 읍에서 유다인들이 즐기고
　　　　　　　　기뻐하여 잔치를 베풀고 그 날을 명절로 삼으니 본토 백성이
　　　　　　　　유다인을 두려워하여 유다인 되는 자가 많더라

　　　　　　　　새번역 지방마다 성읍마다, 왕이 내린 명령과 조서가 전달된 곳에서는
　　　　　　　　어디에서나, 그곳에 사는 유다 사람들이 잔치를 벌였다. 그들은 기뻐하고
　　　　　　　　즐거워하며, 그 날을 축제의 날로 삼았다. 그 땅에 사는 다른 민족들 가운데서
　　　　　　　　많은 사람들이 유다 사람들을 두려워하므로, 유다 사람이 되기도 하였다.

✒ 묵상하기

에스더서는 하나님의 섭리와 은혜에 관한 이야기입니다. 바사(페르시아) 제국 아래 살던 유다
민족이 하만의 음모로 몰살당할 위기에 처합니다. 그렇지만 하나님은 모르드개와 왕후 에스
더를 통해 유다 민족을 구원하는 섭리를 베푸십니다.
에스더서는 지금도 부림절 때 유대인의 회당에서 읽히는 성경입니다. 부림절은 유다 민족이
구원받은 것을 기념하는 유대인의 절기이지요. 에스더서는 에스라, 느헤미야의 시대와 비슷
한 시기를 배경으로 하는데 느헤미야 바로 직전의 일로 추정됩니다.

78

에스더 4:16

에스더 8:17

욥기 1:21　이르되 내가 모태에서 알몸으로 나왔사온즉
또한 알몸이 그리로 돌아가올지라 주신 이도 여호와시요
거두신 이도 여호와시오니 여호와의 이름이 찬송을 받으실지니이다

새번역 이렇게 말하였다. "모태에서 빈 손으로 태어났으니, 죽을 때에도
빈 손으로 돌아갈 것입니다. 주신 분도 주님이시요, 가져가신 분도 주님이시니,
주님의 이름을 찬양할 뿐입니다."

욥기 23:10　그러나 내가 가는 길을 그가 아시나니
그가 나를 단련하신 후에는 내가 순금같이 되어 나오리라

새번역 하나님은 내가 발 한 번 옮기는 것을 다 알고 계실 터이니,
나를 시험해 보시면 내게 흠이 없다는 것을 아실 수 있으련만!

욥기 38:1　그때에 여호와께서 폭풍우 가운데에서 욥에게 말씀하여 이르시되

새번역 그때에 주님께서 욥에게 폭풍이 몰아치는 가운데서 대답하셨다.

욥기 38:2　무지한 말로 생각을 어둡게 하는 자가 누구냐

새번역 네가 누구이기에 무지하고 헛된 말로 내 지혜를 의심하느냐?

욥기 1:21

욥기 23:10

욥기 38:1

욥기 38:2

욥기 40:2　　트집 잡는 자가 전능자와 다투겠느냐
　　　　　　　하나님을 탓하는 자는 대답할지니라

　　　　　　　새번역 전능한 하나님과 다투는 욥아, 네가 나를 꾸짖을 셈이냐?
　　　　　　　네가 나를 비난하니, 어디, 나에게 대답해 보아라.

욥기 40:4　　보소서 나는 비천하오니 무엇이라 주께 대답하리이까
　　　　　　　손으로 내 입을 가릴 뿐이로소이다

　　　　　　　새번역 저는 비천한 사람입니다. 제가 무엇이라고 감히
　　　　　　　주님께 대답할 수 있겠습니까? 다만 손으로 입을 막을 뿐입니다.

욥기 42:3　　무지한 말로 이치를 가리는 자가 누구니이까
　　　　　　　나는 깨닫지도 못한 일을 말하였고 스스로 알 수도 없고
　　　　　　　헤아리기도 어려운 일을 말하였나이다

　　　　　　　새번역 잘 알지도 못하면서, 감히 주님의 뜻을 흐려 놓으려 한 자가
　　　　　　　바로 저입니다. 깨닫지도 못하면서, 함부로 말을 하였습니다.
　　　　　　　제가 알기에는, 너무나 신기한 일들이었습니다.

묵상하기

욥기는 의인 욥이 까닭 없이 겪는 고난을 배경으로, 인간의 연약함과 하나님의 섭리에 대해 다루고 있습니다. 사람이 모두 이해할 수 없을지라도 하나님의 주권을 인정하고 그의 통치를 받아들이는 것이 참된 지혜라는 것을 가르쳐줍니다.

하나님은 창조하신 분이며, 섭리하시는 분입니다. 그렇기에 인간은 하나님을 다 알 수 없습니다. 하나님의 지혜와 능력 앞에 선 인간은 그분의 주권과 섭리를 인정해야 합니다. 욥의 회복은 이것을 인정하는 것에서 시작됩니다.

욥기 40:2

욥기 40:4

욥기 42:3

욥기 42:5
내가 주께 대하여 귀로 듣기만 하였사오나
이제는 눈으로 주를 뵈옵나이다

새번역 주님이 어떤 분이시라는 것을, 지금까지는 제가 귀로만
들었습니다. 그러나 이제는 제가 제 눈으로 주님을 뵙습니다.

욥기 42:6
그러므로 내가 스스로 거두어들이고
티끌과 재 가운데에서 회개하나이다

새번역 그러므로 저는 제 주장을 거두어들이고,
티끌과 잿더미 위에 앉아서 회개합니다.

시편 1:6
무릇 의인들의 길은 여호와께서 인정하시나
악인들의 길은 망하리로다

새번역 그렇다. 의인의 길은 주님께서 인정하시지만, 악인의 길은 망할 것이다.

시편 8:1
여호와 우리 주여 주의 이름이 온 땅에
어찌 그리 아름다운지요 주의 영광이 하늘을 덮었나이다

새번역 주 우리 하나님, 주님의 이름이 온 땅에서 어찌 그리 위엄이 넘치는지요?
저 하늘 높이까지 주님의 위엄 가득합니다.

시편 8:4
사람이 무엇이기에 주께서 그를 생각하시며
인자가 무엇이기에 주께서 그를 돌보시나이까

새번역 사람이 무엇이기에 주님께서 이렇게까지 생각하여 주시며,
사람의 아들이 무엇이기에 주님께서 이렇게까지 돌보아 주십니까?

욥기 42:5

욥기 42:6

시편 1:6

시편 8:1

시편 8:4

시편 18:16   그가 높은 곳에서 손을 펴사 나를 붙잡아 주심이여
많은 물에서 나를 건져내셨도다

^{새번역} 주님께서 높은 곳에서 손을 내밀어 나를 움켜잡아 주시고,
깊은 물에서 나를 건져 주셨다.

시편 23:1   여호와는 나의 목자시니 내게 부족함이 없으리로다

^{새번역} 주님은 나의 목자시니, 내게 부족함 없어라.

시편 42:11a   내 영혼아 네가 어찌하여 낙심하며
어찌하여 내 속에서 불안해 하는가 너는 하나님께 소망을 두라

^{새번역} 내 영혼아, 네가 어찌하여 그렇게 낙심하며,
어찌하여 그렇게 괴로워하느냐? 너는 하나님을 기다려라.

시편 73:28   하나님께 가까이함이 내게 복이라 내가 주 여호와를
나의 피난처로 삼아 주의 모든 행적을 전파하리이다

^{새번역} 하나님께 가까이 있는 것이 나에게 복이니, 내가 주 하나님을
나의 피난처로 삼고, 주님께서 이루신 모든 일들을 전파하렵니다.

묵상하기

시편은 총 5권으로 되어 있는, 이스라엘 예배 때 음악에 맞춰 부른 기도와 찬양 모음집입니다. 하나님 백성의 간구와 찬양, 감사와 고백이 담겨 있으며, 그 모든 삶의 정황 속에서 신실하게 응답하시는 하나님이 표현되어 있습니다. 경건한 하나님의 백성은 고난 가운데서 하나님을 이해하지 못하여 원망하기도 하지만, 때로는 하나님의 속성을 묵상함으로, 때로는 성전에서 예배함으로, 때로는 율법을 깨달음으로 하나님을 이해하며 신뢰하게 됩니다. 그리고 이러한 신뢰는 시편에서 다양하게 예배와 찬양으로 표현됩니다.

시편 18:16

시편 23:1

시편 42:11a

시편 73:28

시편 100:1　　온 땅이여 여호와께 즐거운 찬송을 부를지어다

새번역 온 땅아, 주님께 환호성을 올려라.

시편 103:1　　내 영혼아 여호와를 송축하라 내 속에 있는 것들아
다 그의 거룩한 이름을 송축하라

새번역 내 영혼아, 주님을 찬송하여라. 마음을 다하여 그 거룩하신 이름을 찬송하여라.

시편 119:33　　여호와여 주의 율례들의 도를 내게 가르치소서
내가 끝까지 지키리이다

새번역 주님, 주님의 율례들이 제시하는 길을 내게 가르쳐 주십시오.
내가 언제까지든지 그것을 지키겠습니다.

시편 119:81　　나의 영혼이 주의 구원을 사모하기에 피곤하오나
나는 주의 말씀을 바라나이다

새번역 내 영혼이 지치도록 주님의 구원을 사모하며,
내 희망을 모두 주님의 말씀에 걸어 두었습니다.

시편 119:105　　주의 말씀은 내 발에 등이요 내 길에 빛이니이다

새번역 주님의 말씀은 내 발의 등불이요, 내 길의 빛입니다.

시편 100:1

시편 103:1

시편 119:33

시편 119:81

시편 119:105

시편 150:6   호흡이 있는 자마다 여호와를 찬양할지어다 할렐루야

               ᴺᴱᵂ역 숨쉬는 사람마다 주님을 찬양하여라. 할렐루야.

잠언 1:7   여호와를 경외하는 것이 지식의 근본이거늘
               미련한 자는 지혜와 훈계를 멸시하느니라

               ᴺᴱᵂ역 주님을 경외하는 것이 지식의 근본이어늘,
               어리석은 사람은 지혜와 훈계를 멸시한다.

잠언 3:5   너는 마음을 다하여 여호와를 신뢰하고 네 명철을 의지하지 말라

               ᴺᴱᵂ역 너의 마음을 다하여 주님을 의뢰하고, 너의 명철을 의지하지 말아라.

잠언 9:10   여호와를 경외하는 것이 지혜의 근본이요
               거룩하신 자를 아는 것이 명철이니라

               ᴺᴱᵂ역 주님을 경외하는 것이 지혜의 근본이요,
               거룩하신 이를 아는 것이 슬기의 근본이다.

묵상하기

잠언은 실제의 삶 가운데 지혜롭게 살아가는 방법을 격언과 속담, 비유 등의 함축적인 언어로 가르치는 경구 모음집입니다. 잠언에서 말하는 지혜로운 삶은 '의로운 삶'이라고 요약할 수 있는데, 이것은 하나님을 경외하는 데서 출발하기 때문에 '하나님을 경외하는 것이 지혜의 근본'이라고 말하고 있습니다.

시편 150:6

잠언 1:7

잠언 3:5

잠언 9:10

잠언 13:24
매를 아끼는 자는 그의 자식을 미워함이라
자식을 사랑하는 자는 근실히 징계하느니라
새번역 매를 아끼는 것은 자식을 사랑하지 않는 것이다.
자식을 사랑하는 사람은 훈계를 게을리하지 않는다.

잠언 16:18
교만은 패망의 선봉이요 거만한 마음은 넘어짐의 앞잡이니라
새번역 교만에는 멸망이 따르고, 거만에는 파멸이 따른다.

잠언 22:6
마땅히 행할 길을 아이에게 가르치라
그리하면 늙어도 그것을 떠나지 아니하리라
새번역 마땅히 걸어야 할 그 길을 아이에게 가르쳐라.
그러면 늙어서도 그 길을 떠나지 않는다.

전도서 1:2
전도자가 이르되 헛되고 헛되며 헛되고 헛되니 모든 것이 헛되도다
새번역 전도자가 말한다. 헛되고 헛되다. 헛되고 헛되다. 모든 것이 헛되다.

전도서 1:9
이미 있던 것이 후에 다시 있겠고 이미 한 일을
후에 다시 할지라 해 아래에는 새것이 없나니
새번역 이미 있던 것이 훗날에 다시 있을 것이며, 이미 일어났던 일이
훗날에 다시 일어날 것이다. 이 세상에 새것이란 없다.

잠언 13:24

잠언 16:18

잠언 22:6

전도서 1:2

전도서 1:9

전도서 3:14 하나님께서 행하시는 모든 것은 영원히 있을 것이라
그 위에 더 할 수도 없고 그것에서 덜 할 수도 없나니
하나님이 이같이 행하심은 사람들이 그의 앞에서
경외하게 하려 하심인 줄을 내가 알았도다

새번역 이제 나는 알았다. 하나님이 하시는 모든 일은 언제나 한결같다.
거기에다가는 보탤 수도 없고 뺄 수도 없다. 하나님이 이렇게 하시니
사람은 그를 두려워할 수밖에 없다.

전도서 8:15 이에 내가 희락을 찬양하노니 이는 사람이 먹고 마시고
즐거워하는 것보다 더 나은 것이 해 아래에는 없음이라
하나님이 사람을 해 아래에서 살게 하신 날 동안
수고하는 일 중에 그러한 일이 그와 함께 있을 것이니라

새번역 나는 생을 즐기라고 권하고 싶다. 사람에게, 먹고 마시고 즐기는 것보다
더 좋은 것이 세상에 없기 때문이다. 그래야 이 세상에서 일하면서, 하나님께
허락받은 한평생을 사는 동안에, 언제나 기쁨이 사람과 함께 있을 것이다.

묵상하기

전도서는 전통적으로 이스라엘의 지혜를 대표하는 솔로몬 왕의 저작으로 알려져 있습니다. 본문의 내용을 통해 보더라도 솔로몬은 다윗의 아들, 이스라엘의 왕으로서 인생이 가질 수 있는 모든 영광을 누려보았던 자이며 모든 것이 헛되다고 고백할 만한 사람이었습니다. 전도서는 업적이나 성취, 수고와 쾌락, 지식과 지혜 등 인생의 다양한 측면에 대한 정밀한 관찰과 풍부한 경험을 토대로 하나님 없는 인생의 근원적인 헛됨에 대해 설득력 있게 전하고 있습니다. 이 헛됨을 극복하는 방법은 '하나님을 경외하며 계명을 지키는 삶'입니다.

전도서 3:14

전도서 8:15

전도서 12:13　　일의 결국을 다 들었으니 하나님을 경외하고
　　　　　　　　그의 명령들을 지킬지어다 이것이 모든 사람의 본분이니라

　　　　　　　새번역 할 말은 다 하였다. 결론은 이것이다. "하나님을 두려워하여라.
　　　　　　　그분이 주신 계명을 지켜라. 이것이 바로 사람이 해야 할 의무다."

아가 2:1　　　나는 사론의 수선화요 골짜기의 백합화로다

　　　　　　　새번역 나는 샤론의 수선화, 골짜기에 핀 나리꽃이라오.

아가 2:16　　내 사랑하는 자는 내게 속하였고 나는 그에게 속하였도다
　　　　　　　그가 백합화 가운데에서 양 떼를 먹이는구나

　　　　　　　새번역 임은 나의 것, 나는 임의 것. 임은 나리꽃 밭에서 양을 치네.

아가 7:10　　나는 내 사랑하는 자에게 속하였도다 그가 나를 사모하는구나

　　　　　　　새번역 나는 임의 것, 임이 그리워하는 사람은 나.

✒ 묵상하기

아가서는 솔로몬과 술람미 여인의 애틋한 마음과 진심어린 고백이 담긴 사랑 노래 모음입니다. 남녀 간의 사랑, 성, 연애, 결혼에 대한 대담하고 아름다운 묘사가 담겨 있습니다. 이를 통해 하나님의 백성들이 경험하는 사랑, 성, 연애, 결혼은 어떠해야 하는지에 대한 지혜를 가르쳐주지요. 또한 궁극적으로는 아가서를 통해 하나님과 자기 백성들의 사랑, 더 나아가서는 신랑되신 그리스도와 그의 교회 간의 사랑의 아름다운 모습을 표현해주고 있습니다.

전도서 12:13

아가 2:1

아가 2:16

아가 7:10

아가 8:7

많은 물도 이 사랑을 끄지 못하겠고 홍수라도 삼키지 못하나니
사람이 그의 온 가산을 다 주고
사랑과 바꾸려 할지라도 오히려 멸시를 받으리라

새번역 바닷물도 그 사랑의 불길 끄지 못하고, 강물도 그 불길 잡지 못합니다.
남자가 자기 집 재산을 다 바친다고 사랑을 얻을 수 있을까요?
오히려 웃음거리만 되고 말겠지요.

이사야 1:18

여호와께서 말씀하시되 오라 우리가 서로 변론하자
너희의 죄가 주홍 같을지라도 눈과 같이 희어질 것이요
진홍같이 붉을지라도 양털같이 희게 되리라

새번역 주님께서 말씀하신다. "오너라! 우리가 서로 변론하자.
너희의 죄가 주홍빛과 같다 하여도 눈과 같이 희어질 것이며,
진홍빛과 같이 붉어도 양털과 같이 희어질 것이다."

이사야 2:4

그가 열방 사이에 판단하시며 많은 백성을 판결하시리니
무리가 그들의 칼을 쳐서 보습을 만들고 그들의 창을 쳐서
낫을 만들 것이며 이 나라와 저 나라가 다시는 칼을 들고
서로 치지 아니하며 다시는 전쟁을 연습하지 아니하리라

새번역 주님께서 민족들 사이의 분쟁을 판결하시고, 뭇 백성 사이의 갈등을 해결하실
것이니, 그들이 칼을 쳐서 보습을 만들고 창을 쳐서 낫을 만들 것이며, 나라와
나라가 칼을 들고 서로를 치지 않을 것이며, 다시는 군사훈련도 하지 않을 것이다.

아가 8:7

이사야 1:18

이사야 2:4

이사야 6:8

내가 또 주의 목소리를 들으니 주께서 이르시되
내가 누구를 보내며 누가 우리를 위하여 갈꼬 하시니
그 때에 내가 이르되 내가 여기 있나이다 나를 보내소서 하였더니

새번역 그 때에 나는 주님께서 말씀하시는 음성을 들었다.
"내가 누구를 보낼까? 누가 우리를 대신하여 갈 것인가?"
내가 아뢰었다. "제가 여기에 있습니다. 저를 보내어 주십시오."

이사야 9:6

이는 한 아기가 우리에게 났고 한 아들을 우리에게 주신 바 되었는데
그의 어깨에는 정사를 메었고 그의 이름은 기묘자라, 모사라,
전능하신 하나님이라, 영존하시는 아버지라,
평강의 왕이라 할 것임이라

새번역 한 아기가 우리를 위해 태어났다. 우리가 한 아들을 모셨다.
그는 우리의 통치자가 될 것이다. 그의 이름은 '놀라우신 조언자',
'전능하신 하나님', '영존하시는 아버지', '평화의 왕'이라고 불릴 것이다.

✒️ 묵상하기

북이스라엘의 멸망은 하나님의 징계였습니다. 그럼에도 남유다는 북이스라엘과 같은 길을 걷고 있었지요. 유다의 종교적 타락은 사회적 타락으로 이어졌습니다. 하나님은 이들의 우상숭배와 정의롭지 못한 삶에 대해 철저히 심판하실 것입니다. 이 심판은 유다에 그치지 않고 열방에 미칠 것입니다. 하지만 하나님은 심판으로 이사야서를 끝내지 않고 위로와 소망의 메시지를 주십니다. 이스라엘은 회복될 것입니다. 이는 하나님의 종 메시아를 통해 이루어질 것입니다. 그리고 회개한 남은 자들은 영광스러운 미래를 맞이하게 될 것입니다.

이사야 6:8

이사야 9:6

이사야 42:1   내가 붙드는 나의 종, 내 마음에 기뻐하는 자 곧 내가 택한 사람을 보라
내가 나의 영을 그에게 주었은즉 그가 이방에 정의를 베풀리라

새번역 "나의 종을 보아라. 그는 내가 붙들어 주는 사람이다.
내가 택한 사람, 내가 마음으로 기뻐하는 사람이다. 내가 그에게
나의 영을 주었으니, 그가 뭇 민족에게 공의를 베풀 것이다."

이사야 43:21   이 백성은 내가 나를 위하여 지었나니 나를 찬송하게 하려 함이니라

새번역 이 백성은, 나를 위하라고 내가 지은 백성이다. 그들이 나를 찬양할 것이다.

이사야 53:4   그는 실로 우리의 질고를 지고 우리의 슬픔을 당하였거늘
우리는 생각하기를 그는 징벌을 받아 하나님께 맞으며
고난을 당한다 하였노라

새번역 그는 실로 우리가 받아야 할 고통을 대신 받고,
우리가 겪어야 할 슬픔을 대신 겪었다. 그러나 우리는,
그가 징벌을 받아서 하나님에게 맞으며, 고난을 받는다고 생각하였다.

이사야 42:1

이사야 43:21

이사야 53:4

이사야 53:5   그가 찔림은 우리의 허물 때문이요 그가 상함은
우리의 죄악 때문이라 그가 징계를 받으므로 우리는 평화를
누리고 그가 채찍에 맞으므로 우리는 나음을 받았도다

새번역 그러나 그가 찔린 것은 우리의 허물 때문이고,
그가 상처를 받은 것은 우리의 악함 때문이다. 그가 징계를 받음으로써
우리가 평화를 누리고, 그가 매를 맞음으로써 우리의 병이 나았다.

이사야 53:6   우리는 다 양 같아서 그릇 행하여 각기 제 길로 갔거늘
여호와께서는 우리 모두의 죄악을 그에게 담당시키셨도다

새번역 우리는 모두 양처럼 길을 잃고, 각기 제 갈 길로 흩어졌으나,
주님께서 우리 모두의 죄악을 그에게 지우셨다.

이사야 53:7   그가 곤욕을 당하여 괴로울 때에도 그의 입을 열지 아니하였음이여
마치 도수장으로 끌려가는 어린 양과 털 깎는 자 앞에서
잠잠한 양같이 그의 입을 열지 아니하였도다

새번역 그는 굴욕을 당하고 고문을 당하였으나, 아무 말도 하지 않았다.
마치 도살장으로 끌려가는 어린 양처럼, 마치 털 깎는 사람 앞에서
잠잠한 암양처럼, 끌려가기만 할 뿐, 아무 말도 하지 않았다.

이사야 53:5

이사야 53:6

이사야 53:7

이사야 55:1　오호라 너희 모든 목마른 자들아 물로 나아오라 돈 없는 자도 오라
너희는 와서 사 먹되 돈 없이, 값없이 와서 포도주와 젖을 사라

새번역 너희 모든 목마른 사람들아, 어서 물로 나오너라. 돈이 없는 사람도 오너라.
너희는 와서 사서 먹되, 돈도 내지 말고 값도 지불하지 말고 포도주와 젖을 사거라.

이사야 55:2　너희가 어찌하여 양식이 아닌 것을 위하여 은을 달아 주며
배부르게 하지 못할 것을 위하여 수고하느냐 내게 듣고 들을지어다
그리하면 너희가 좋은 것을 먹을 것이며 너희 자신들이
기름진 것으로 즐거움을 얻으리라

새번역 어찌하여 너희는 양식을 얻지도 못하면서 돈을 지불하며, 배부르게 하여
주지도 못하는데, 그것 때문에 수고하느냐? "들어라, 내가 하는 말을 들어라.
그리하면 너희가 좋은 것을 먹으며, 기름진 것으로 너희 마음이 즐거울 것이다."

이사야 60:1　일어나라 빛을 발하라 이는 네 빛이 이르렀고
여호와의 영광이 네 위에 임하였음이니라

새번역 예루살렘아, 일어나서 빛을 비추어라. 구원의 빛이 너에게 비치었으며,
주님의 영광이 아침 해처럼 너의 위에 떠올랐다.

이사야 55:1

이사야 55:2

이사야 60:1

예레미야 1:10   보라 내가 오늘 너를 여러 나라와 여러 왕국 위에 세워
네가 그것들을 뽑고 파괴하며 파멸하고 넘어뜨리며
건설하고 심게 하였느니라 하시니라
^{새번역} 똑똑히 보아라. 오늘 내가 뭇 민족과 나라들 위에 너를 세우고,
네가 그것들을 뽑으며 허물며, 멸망시키며 파괴하며, 세우며 심게 하였다.

예레미야 13:23   구스인이 그의 피부를, 표범이 그의 반점을 변하게 할 수 있느냐
할 수 있을진대 악에 익숙한 너희도 선을 행할 수 있으리라
^{새번역} 에티오피아 사람이 자기의 피부 색깔을 바꿀 수 있느냐?
표범이 자기의 반점들을 다르게 바꿀 수 있느냐? 만약 그렇게 할 수만 있다면,
죄악에 익숙해진 너희도 선을 행할 수가 있을 것이다.

예레미야 17:9   만물보다 거짓되고 심히 부패한 것은 마음이라
누가 능히 이를 알리요마는
^{새번역} "만물보다 더 거짓되고 아주 썩은 것은 사람의 마음이니,
누가 그 속을 알 수 있습니까?"

묵상하기

선지자로 부름 받은 예레미야는 예레미야서에서 유다의 죄에 대해 신랄한 심판의 메시지를 전하고 있습니다. 하나님을 배반하고 회개하지 않는 유다는 필연적으로 하나님의 심판을 받을 수밖에 없기 때문입니다. 그가 전하는 메시지는 결국 그에 대한 핍박으로 돌아왔고, 유다의 멸망은 막을 수 없었습니다. 하지만 멸망으로 끝나는 것은 아닙니다. 하나님은 언약에 신실하지 않은 백성을 징계하시지만 남은 자를 두어 새 언약을 맺고 새로운 백성으로 만드실 것입니다.

예레미야 1:10

예레미야 13:23

예레미야 17:9

예레미야 18:6　여호와의 말씀이니라 이스라엘 족속아 이 토기장이가 하는 것같이
내가 능히 너희에게 행하지 못하겠느냐 이스라엘 족속아
진흙이 토기장이의 손에 있음같이 너희가 내 손에 있느니라

새번역 이스라엘 백성아, 내가 이 토기장이와 같이 너희를 다룰 수가 없겠느냐?
나 주의 말이다. 이스라엘 백성아, 진흙이 토기장이의 손 안에 있듯이,
너희도 내 손 안에 있다.

예레미야 31:31　여호와의 말씀이니라 보라 날이 이르리니
내가 이스라엘 집과 유다 집에 새 언약을 맺으리라

새번역 그 때가 오면, 내가 이스라엘 가문과 유다 가문에
새 언약을 세우겠다. 나 주의 말이다.

예레미야 31:33　그러나 그 날 후에 내가 이스라엘 집과 맺을 언약은 이러하니
곧 내가 나의 법을 그들의 속에 두며 그들의 마음에 기록하여
나는 그들의 하나님이 되고 그들은 내 백성이 될 것이라
여호와의 말씀이니라

새번역 그러나 그 시절이 지난 뒤에, 내가 이스라엘 가문과 언약을 세울 것이니,
나는 나의 율법을 그들의 가슴 속에 넣어 주며, 그들의 마음 판에 새겨 기록하여,
나는 그들의 하나님이 되고, 그들은 나의 백성이 될 것이다. 나 주의 말이다.

예레미야 18:6

예레미야 31:31

예레미야 31:33

예레미야애가 1:5   그의 대적들이 머리가 되고 그의 원수들이 형통함은

그의 죄가 많으므로 여호와께서 그를 곤고하게 하셨음이라

어린 자녀들이 대적에게 사로잡혔도다

새번역 대적들이 우두머리가 되고, 원수들이 번영한다. 허물이 많다고, 주님께서
그에게 고통을 주셨다. 아이들마저 원수들이 보는 앞에서 사로잡혀 끌려갔다.

예레미야애가 3:21   이것을 내가 내 마음에 담아 두었더니

그것이 오히려 나의 소망이 되었사옴은

새번역 그러나 마음속으로 곰곰이 생각하며 오히려 희망을 가지는 것은,

예레미야애가 3:22   여호와의 인자와 긍휼이 무궁하시므로

우리가 진멸되지 아니함이니이다

새번역 주님의 한결같은 사랑이 다함이 없고 그 긍휼이 끝이 없기 때문이다.

✒ 묵상하기

파괴된 성읍 예루살렘의 비참한 현실은 하나님의 진노 때문에 시작된 것입니다. 그렇기 때
문에 하나님이 긍휼을 베풀어주시면 회복될 소망이 있습니다. 예레미야애가에서 선지자는
백성을 대표하여 예루살렘의 멸망을 아뢰며 회개하고 회복을 구하고 있습니다.

예레미야애가 1:5

예레미야애가 3:21

예레미야애가 3:22

예레미야애가 3:23 이것들이 아침마다 새로우니 주의 성실하심이 크시도소이다

새번역 "주님의 사랑과 긍휼이 아침마다 새롭고, 주님의 신실이 큽니다."

예레미야애가 5:21 여호와여 우리를 주께로 돌이키소서 그리하시면
우리가 주께로 돌아가겠사오니 우리의 날들을 다시 새롭게 하사
옛적 같게 하옵소서

새번역 주님, 우리를 주님께로 돌이켜 주십시오. 우리가 주님께로 돌아가겠습니다.
우리의 날을 다시 새롭게 하셔서, 옛날과 같게 하여 주십시오.

에스겔 1:28 그 사방 광채의 모양은 비 오는 날 구름에 있는 무지개 같으니
이는 여호와의 영광의 형상의 모양이라
내가 보고 엎드려 말씀하시는 이의 음성을 들으니라

새번역 그를 둘러싼 광채의 모양은, 비 오는 날 구름 속에 나타나는 무지개같이
보였는데, 그것은 주님의 영광이 나타난 모양과 같았다. 그 모습을 보고,
나는 얼굴을 땅에 대고 엎드렸다. 그 때에 말씀하시는 이의 음성을 내가 들었다.

에스겔 34:26 내가 그들에게 복을 내리고 내 산 사방에 복을 내리며
때를 따라 소낙비를 내리되 복된 소낙비를 내리리라

새번역 내가 그들과 내 산 사방에 복을 내려 주겠다.
내가 때를 따라 비를 내릴 것이니, 복된 소나기가 내릴 것이다.

예레미야애가 3:23

예레미야애가 5:21

에스겔 1:28

에스겔 34:26

에스겔 37:4   또 내게 이르시되 너는 이 모든 뼈에게 대언하여
이르기를 너희 마른 뼈들아 여호와의 말씀을 들을지어다

새번역 그가 내게 말씀하셨다. "너는 이 뼈들에게 대언하여라.
너는 그것들에게 전하여라. '너희 마른 뼈들아, 너희는 나 주의 말을 들어라.'"

에스겔 37:5   주 여호와께서 이 뼈들에게 이같이 말씀하시기를
내가 생기를 너희에게 들어가게 하리니 너희가 살아나리라

새번역 나 주 하나님이 이 뼈들에게 말한다. 내가 너희 속에 생기를 불어넣어,
너희가 다시 살아나게 하겠다.

에스겔 37:26   내가 그들과 화평의 언약을 세워서 영원한 언약이 되게 하고
또 그들을 견고하고 번성하게 하며
내 성소를 그 가운데에 세워서 영원히 이르게 하리니

새번역 내가 그들과 평화의 언약을 세워서, 영원한 언약을 삼을 것이다.
내가 그들을 튼튼히 세우며, 번성하게 하며,
내 성소를 그들 한가운데 세워서 영원히 이어지게 하겠다.

묵상하기

포로가 되어 바벨론에 살고 있던 에스겔에게 하나님은 놀라운 환상 가운데 찾아오셔서 사명을 주십니다. 하나님은 에스겔에게 예루살렘의 타락상을 보여주신 뒤, 포로된 이스라엘 민족에게 심판과 멸망의 메시지를 전하게 하십니다. 하지만 예루살렘 함락 후에는 이스라엘의 회복에 관한 소망의 말씀을 주십니다. 모든 원수는 멸망하고 이스라엘은 새로운 성전을 가진 새로운 나라가 될 것입니다. 그리고 성전을 떠났던 하나님께서는 돌아오셔서 영원히 그곳에 거하실 것입니다.

에스겔 37:4

에스겔 37:5

에스겔 37:26

에스겔 37:27

내 처소가 그들 가운데에 있을 것이며
나는 그들의 하나님이 되고 그들은 내 백성이 되리라

새번역 내가 살 집이 그들 가운데 있을 것이며,
나는 그들의 하나님이 되고 그들은 내 백성이 될 것이다.

에스겔 48:35

그 사방의 합계는 만 팔천 척이라
그 날 후로는 그 성읍의 이름을 여호와삼마라 하리라

새번역 이렇게 그 둘레가 만 팔천 자이다. 이 성읍의 이름이
이제부터는 '여호와샤마'라고 불릴 것이다.

다니엘 2:20

다니엘이 말하여 이르되 영원부터 영원까지 하나님의 이름을
찬송할 것은 지혜와 능력이 그에게 있음이로다

새번역 다니엘은 다음과 같이 찬송하였다. "지혜와 권능이 하나님의 것이니,
영원부터 영원까지 하나님의 이름을 찬송하여라."

다니엘 2:21

그는 때와 계절을 바꾸시며 왕들을 폐하시고 왕들을 세우시며
지혜자에게 지혜를 주시고 총명한 자에게 지식을 주시는도다

새번역 때와 계절을 바뀌게 하시고 왕들을 폐하기도 하시고, 세우기도 하신다.
지혜자들에게 지혜를 주시고, 총명한 사람들에게 지식을 주신다.

에스겔 37:27

에스겔 48:35

다니엘 2:20

다니엘 2:21

다니엘 2:47　　　　왕이 대답하여 다니엘에게 이르되 너희 하나님은 참으로 모든
　　　　　　　　　신들의 신이시요 모든 왕의 주재시로다 네가 능히 이 은밀한 것을
　　　　　　　　　나타내었으니 네 하나님은 또 은밀한 것을 나타내시는 이시로다

　　　　　　　　　새번역 왕이 다니엘에게 말하였다. "그대들의 하나님은 참으로 모든 신 가운데서
　　　　　　　　　으뜸가는 신이시요, 모든 왕 가운데서 으뜸가는 군주이시다. 그대가 이 비밀을
　　　　　　　　　드러낼 수 있었으니, 과연 그대의 하나님은 비밀을 드러내는 분이시다."

다니엘 4:17　　　　이는 순찰자들의 명령대로요 거룩한 자들의 말대로이니
　　　　　　　　　지극히 높으신 이가 사람의 나라를 다스리시며 자기의 뜻대로
　　　　　　　　　그것을 누구에게든지 주시며 또 지극히 천한 자를 그 위에
　　　　　　　　　세우시는 줄을 사람들이 알게 하려 함이라 하였느니라

　　　　　　　　　새번역 이것은 감시자들이 명령한 것이며, 거룩한 이들이 말한 것이다.
　　　　　　　　　이것은 가장 높으신 분이 인간의 나라를 지배하신다는 것과,
　　　　　　　　　뜻에 맞는 사람에게 나라를 주신다는 것과,
　　　　　　　　　가장 낮은 사람을 그 위에 세우신다는 것을, 사람들이 알도록 하려는 것이다.

🖋 묵상하기

다니엘서는 하나님의 뜻대로 나라와 왕을 세우시고 멸망케 하시는 하나님의 주권을 다루고 있습니다. 앞부분(1-6장)은 바벨론 궁에서 다니엘과 세 친구들이 하나님께 절대적인 신뢰와 믿음의 행동을 보여주는 사건들에 대한 기록입니다. 다니엘과 세 친구는 비록 세상에 속했지만 하나님의 백성으로서 신실한 삶을 사는 그리스도인의 모범입니다. 뒷부분(7-12장)은 다니엘이 본 환상(묵시)으로, 이 땅의 나라들이 하나님의 섭리(뜻)대로 움직이고 있음을 보여주며 땅의 왕들이 아닌 하나님만이 진정한 세상의 왕이심을 보여주고 있습니다.

다니엘 2:47

다니엘 4:17

다니엘 7:27 나라와 권세와 온 천하 나라들의 위세가 지극히 높으신 이의
거룩한 백성에게 붙인 바 되리니 그의 나라는 영원한 나라이라
모든 권세 있는 자들이 다 그를 섬기며 복종하리라

새번역 나라와 권세와 온 천하 열국의 위력이 가장 높으신 분의
거룩한 백성에게로 돌아갈 것이다. 그의 나라는 영원한 나라다.
권세를 가진 모든 통치자가 그를 섬기며 복종할 것이다.

호세아 1:2 여호와께서 처음 호세아에게 말씀하실 때 여호와께서 호세아에게
이르시되 너는 가서 음란한 여자를 맞이하여 음란한 자식들을 낳으라
이 나라가 여호와를 떠나 크게 음란함이니라 하시니

새번역 주님께서 처음으로 호세아를 시켜 이스라엘 사람들에게 말씀하실 때에,
주님께서는 호세아에게 다음과 같이 말씀하셨다. "너는 가서 음란한 여인과
결혼하여, 음란한 자식들을 낳아라! 이 나라가 주를 버리고 떠나서,
음란하게 살고 있기 때문이다."

호세아 1:9 여호와께서 이르시되 그의 이름을 로암미라 하라
너희는 내 백성이 아니요 나는 너희 하나님이 되지
아니할 것임이니라

새번역 주님께서 말씀하셨다. "그의 이름을 로암미라고 하여라.
너희가 나의 백성이 아니며, 나도 너희의 하나님이 아니기 때문이다."

다니엘 7:27

호세아 1:2

호세아 1:9

호세아 2:23   내가 나를 위하여 그를 이 땅에 심고 긍휼히 여김을 받지
못하였던 자를 긍휼히 여기며 내 백성 아니었던 자에게 향하여
이르기를 너는 내 백성이라 하리니 그들은 이르기를
주는 내 하나님이시라 하리라 하시니라

새번역 그 때에 내가 이스라엘을 이 땅에 심어서 나의 백성으로 키우고,
로루하마를 사랑하여 루하마가 되게 할 것이다. 로암미에게 '이제 너는 암미다!'
하고 내가 말하면, 그가 나에게 '주님은 나의 하나님이십니다!' 하고 대답할 것이다.

호세아 4:6   내 백성이 지식이 없으므로 망하는도다 네가 지식을 버렸으니
나도 너를 버려 내 제사장이 되지 못하게 할 것이요
네가 네 하나님의 율법을 잊었으니 나도 네 자녀들을 잊어버리리라

새번역 내 백성이 나를 알지 못하여 망한다. 네가 제사장이라고 하면서
내가 가르쳐 준 것을 버리니, 나도 너를 버려서 네가 다시는
나의 성직을 맡지 못하도록 하겠다. 네 하나님의 율법을 네가 마음에 두지 않으니,
나도 네 아들딸들을 마음에 두지 않겠다.

묵상하기

호세아서는 호세아와 고멜의 결혼이야기를 통해서 하나님과 이스라엘 백성 사이의 언약 관계를 설명합니다. 이스라엘 백성은 영적인 간음으로 하나님의 사랑을 배반하고, 이에 그분의 공의로운 심판을 선고 받습니다. 그럼에도 하나님은 그분의 백성을 향한 애끓는 마음으로 그들을 포기하지 않고 그들이 돌아오기를 바라십니다. 하나님의 백성인 이스라엘이 하나님의 사랑과 은혜를 버린 이유는 여호와를 알지 못하기 때문이라고 호세아서는 진단합니다. 여호와 하나님을 유일하신 참 하나님이 아닌 많은 신들 가운데 하나로 취급한 것입니다.

요엘 1:4

팥중이가 남긴 것을 메뚜기가 먹고 메뚜기가 남긴 것을
느치가 먹고 느치가 남긴 것을 황충이 먹었도다

새번역 풀무치가 남긴 것은 메뚜기가 갉아 먹고, 메뚜기가 남긴 것은
누리가 썰어 먹고, 누리가 남긴 것은 황충이 말끔히 먹어 버렸다.

요엘 2:28

그 후에 내가 내 영을 만민에게 부어 주리니
너희 자녀들이 장래 일을 말할 것이며
너희 늙은이는 꿈을 꾸며 너희 젊은이는 이상을 볼 것이며

새번역 "그런 다음에, 내가 모든 사람에게 나의 영을 부어 주겠다. 너희의
아들딸은 예언을 하고, 노인들은 꿈을 꾸고, 젊은이들은 환상을 볼 것이다."

요엘 2:32

누구든지 여호와의 이름을 부르는 자는 구원을 얻으리니 이는 나
여호와의 말대로 시온 산과 예루살렘에서 피할 자가 있을 것임이요
남은 자 중에 나 여호와의 부름을 받을 자가 있을 것임이니라

새번역 그러나 주님의 이름을 불러 구원을 호소하는 사람은 다 구원을 받을 것이다.
시온 산 곧 예루살렘 안에는 피하여 살아남는 사람이 있을 것이라고,
주님께서 부르신 사람이 살아남아 있을 것이라고, 주님께서 말씀하셨다.

✒ 묵상하기

유다에 임한 재앙(메뚜기 떼)은 열방에 임할 "여호와의 날"(욜 1:15) 곧 하나님의 심판을 미리 보
여주는 역할을 합니다. '여호와의 날'은 요엘서의 핵심 개념입니다. 여호와의 날을 통해 유다
민족에게 회개를 촉구하며 회개하는 자에게 회복을 약속하십니다. 하나님께 돌아오는 자에
게는 풍요와 보호 또한 약속하십니다. 이는 궁극적으로 메시아가 오실 때 모든 사람에게 하
나님의 영을 주시겠다는 약속으로 이어집니다.

요엘 1:4

요엘 2:28

요엘 2:32

아모스 2:6 　　여호와께서 이와 같이 말씀하시되 이스라엘의 서너 가지 죄로
　　　　　　　말미암아 내가 그 벌을 돌이키지 아니하리니 이는 그들이
　　　　　　　은을 받고 의인을 팔며 신 한 켤레를 받고 가난한 자를 팔며

　　　　　　　새번역 "나 주가 선고한다. 이스라엘이 지은 서너 가지 죄를, 내가 용서하지 않겠다.
　　　　　　　그들이 돈을 받고 의로운 사람을 팔고, 신 한 켤레 값에 빈민을 팔았기 때문이다."

아모스 4:12 　　그러므로 이스라엘아 내가 이와 같이 네게 행하리라
　　　　　　　내가 이것을 네게 행하리니 이스라엘아 네 하나님 만나기를 준비하라

　　　　　　　새번역 "그러므로 이스라엘아, 내가 너에게 다시 그렇게 하겠다. 바로 내가 너에게
　　　　　　　이렇게 하기로 작정하였으니, 이스라엘아, 너는 너의 하나님을 만날 준비를 하여라."

아모스 5:24 　　오직 정의를 물같이, 공의를 마르지 않는 강같이 흐르게 할지어다

　　　　　　　새번역 너희는, 다만 공의가 물처럼 흐르게 하고,
　　　　　　　정의가 마르지 않는 강처럼 흐르게 하여라.

묵상하기

아모스서의 주제는 '신앙과 사회적 정의의 관계'에 대한 것입니다. 당시는 앗수르 제국이 약
화되어 북이스라엘과 남유다 왕국은 다방면에 걸쳐 부요와 번영을 누릴 수 있었습니다. 그
들은 이 부요와 번영을 하나님이 주시는 복이라 생각했습니다. 그러나 그들은 하나님과 상
관없는 종교적 열심을 냈고, 하나님의 말씀과 상반되게 사회적인 약자에게 압제를 행했습
니다. 이에 아모스 선지자는 돌이키지 않으면 이스라엘과 유다에게 '여호와의 날'이 '멸망의
날'이 될 것이라고 경고하고 있습니다.

아모스 2:6

아모스 4:12

아모스 5:24

오바댜 1:10   네가 네 형제 야곱에게 행한 포학으로 말미암아
부끄러움을 당하고 영원히 멸절되리라

새번역 네 아우 야곱에게 저지른 그 폭행 때문에
네가 치욕을 당할 것이며, 아주 망할 것이다.

요나 1:17   여호와께서 이미 큰 물고기를 예비하사 요나를 삼키게
하셨으므로 요나가 밤낮 삼 일을 물고기 뱃속에 있으니라

새번역 주님께서는 큰 물고기 한 마리를 마련하여 두셨다가,
요나를 삼키게 하셨다. 요나는 사흘 밤낮을 그 물고기 뱃속에서 지냈다.

요나 3:10   하나님이 그들이 행한 것 곧 그 악한 길에서 돌이켜
떠난 것을 보시고 하나님이 뜻을 돌이키사
그들에게 내리리라고 말씀하신 재앙을 내리지 아니하시니라

새번역 하나님께서 그들이 뉘우치는 것, 곧 그들이 저마다 자기가 가던
나쁜 길에서 돌이키는 것을 보시고, 뜻을 돌이켜 그들에게 내리시겠다고
말씀하신 재앙을 내리지 않으셨다.

묵상하기

오바댜는 에돔에 대한 하나님의 심판과 함께, 하나님의 백성 이스라엘의 회복과 승리의 이야기를 다루고 있습니다.
에돔은 야곱의 형 에서의 후손으로 이루어진 나라입니다. 그러나 형제나라인 유다와 이스라엘의 가장 오래된 적이었습니다. 유다가 바벨론에 의해 침략당할 때 이를 방관했을 뿐 아니라 기뻐했습니다. 그래서 그들이 행한 것과 똑같이 '그 날'에 하나님의 심판을 받게 되고 이스라엘은 회복될 것이라고 오바댜서는 전하고 있습니다.

오바댜 1:10

요나 1:17

요나 3:10

요나 4:2

여호와께 기도하여 이르되 여호와여 내가 고국에 있을 때에
이러하겠다고 말씀하지 아니하였나이까 그러므로 내가 빨리
다시스로 도망하였사오니 주께서는 은혜로우시며 자비로우시며
노하기를 더디하시며 인애가 크시사 뜻을 돌이켜
재앙을 내리지 아니하시는 하나님이신 줄을 내가 알았음이니이다

새번역 그는 주님께 기도하며 아뢰었다. "주님, 내가 고국에 있을 때에
이렇게 될 것이라고 이미 말씀드리지 않았습니까? 내가 서둘러
스페인으로 달아났던 것도 바로 이것 때문입니다. 하나님은 은혜로우시며
자비로우시며 좀처럼 노하지 않으시며 사랑이 한없는 분이셔서,
내리시려던 재앙마저 거두실 것임을 내가 알고 있었기 때문입니다."

요나 4:11

하물며 이 큰 성읍 니느웨에는 좌우를 분변하지 못하는 자가
십이만여 명이요 가축도 많이 있나니
내가 어찌 아끼지 아니하겠느냐 하시니라

새번역 "하물며 좌우를 가릴 줄 모르는 사람들이 십이만 명도 더 되고
짐승들도 수없이 많은 이 큰 성읍 니느웨를, 어찌 내가 아끼지 않겠느냐?"

묵상하기

요나서는 적대국 앗수르의 수도 니느웨에 하나님의 말씀을 전하는 요나의 이야기를 통해 이스라엘뿐만 아니라 열방을 향하여 긍휼을 베푸시는 하나님의 이야기를 전하고 있습니다. 요나가 가지고 있는 선민의식은 하나님이 이스라엘을 선택하여 이스라엘만 구원하신다는, 배타적인 것이었습니다. 그러나 하나님은 아브라함과의 언약(창 12:3)을 통해서 말씀하셨듯이 이스라엘을 통해서 모든 민족이 복을 누리기를 원하십니다.

요나 4:2

요나 4:11

미가 4:3   그가 많은 민족들 사이의 일을 심판하시며 먼 곳 강한

이방 사람을 판결하시리니 무리가 그 칼을 쳐서 보습을 만들고

창을 쳐서 낫을 만들 것이며 이 나라와 저 나라가 다시는 칼을 들고

서로 치지 아니하며 다시는 전쟁을 연습하지 아니하고

새번역 주님께서 민족들 사이의 분쟁을 판결하시고, 원근 각처에 있는

열강 사이의 갈등을 해결하실 것이니, 나라마다 칼을 쳐서 보습을 만들고

창을 쳐서 낫을 만들 것이며, 나라와 나라가 칼을 들고

서로를 치지 않을 것이며, 다시는 군사 훈련도 하지 않을 것이다.

미가 5:2   베들레헴 에브라다야 너는 유다 족속 중에 작을지라도

이스라엘을 다스릴 자가 네게서 내게로 나올 것이라

그의 근본은 상고에, 영원에 있느니라

새번역 "그러나 너 베들레헴 에브라다야, 너는 유다의 여러 족속 가운데서

작은 족속이지만, 이스라엘을 다스릴 자가 네게서 내게로 나올 것이다.

그의 기원은 아득한 옛날, 태초에까지 거슬러 올라간다."

묵상하기

미가서에는 심판의 말씀과 회복의 말씀이 세 차례 번갈아서 나옵니다.

미가서는 하나님과의 언약을 파기한 이스라엘을 향해 심판의 메시지를 선포하며, 그 메시지는 하나님의 공의를 드러냅니다. 호세아, 아모스와 같이 신앙과 윤리의 타락이 심판의 원인이었습니다. 그럼에도 이스라엘을 향해 끝까지 돌아오라고 외치시는, 복 주기를 원하시는 사랑과 긍휼과 자비의 하나님이 드러나 있습니다. 미가서는 다윗의 자손을 통해서 마침내 메시아가 오실 것이라는 소망으로 마무리됩니다.

미가 4:3

미가 5:2

미가 6:8 사람아 주께서 선한 것이 무엇임을 네게 보이셨나니
여호와께서 네게 구하시는 것은 오직 정의를 행하며
인자를 사랑하며 겸손하게 네 하나님과 함께 행하는 것이 아니냐

새번역 너 사람아, 무엇이 착한 일인지를 주님께서 이미 말씀하셨다.
주님께서 너에게 요구하시는 것이 무엇인지도 이미 말씀하셨다. 오로지 공의를
실천하며 인자를 사랑하며 겸손히 네 하나님과 함께 행하는 것이 아니냐!

미가 7:18 주와 같은 신이 어디 있으리이까 주께서는 죄악과 그 기업에
남은 자의 허물을 사유하시며 인애를 기뻐하시므로
진노를 오래 품지 아니하시나이다

새번역 주님, 주님 같으신 하나님이 또 어디에 있겠습니까. 주님께서는 죄악을
사유하시며 살아 남은 주님의 백성의 죄를 용서하십니다. 진노하시되, 그 노여움을
언제까지나 품고 계시지는 않고, 기꺼이 한결같은 사랑을 베푸십니다.

나훔 1:3 여호와는 노하기를 더디하시며 권능이 크시며 벌 받을 자를
결코 내버려두지 아니하시느니라 여호와의 길은 회오리바람과
광풍에 있고 구름은 그의 발의 티끌이로다

새번역 주님은 좀처럼 노하지 않으시고 권능도 한없이 많으시지만,
주님은 절대로, 죄를 벌하지 않은 채 내버려 두지는 않으신다. 회오리바람과
폭풍은 당신이 다니시는 길이요, 구름은 발 밑에서 이는 먼지이다.

미가 6:8

미가 7:18

나훔 1:3

나훔 1:7

여호와는 선하시며 환난 날에 산성이시라
그는 자기에게 피하는 자들을 아시느니라

새번역 주님은 선하시므로, 환난을 당할 때에 피할 피난처가 되신다.
주님께 피하는 사람은 주님께서 보살펴 주시지만,

나훔 1:8

그가 범람하는 물로 그곳을 진멸하시고
자기 대적들을 흑암으로 쫓아내시리라

새번역 니느웨는 범람하는 홍수로 쓸어 버리시고, 원수들을 흑암 속으로 던지신다.

나훔 1:15

볼지어다 아름다운 소식을 알리고 화평을 전하는 자의 발이
산 위에 있도다 유다야 네 절기를 지키고 네 서원을 갚을지어다
악인이 진멸되었으니 그가 다시는 네 가운데로
통행하지 아니하리로다 하시니라

새번역 보아라. 좋은 소식을 전하는 사람. 평화를 알리는 사람이
산을 넘어서 달려온다. 유다야, 네 절기를 지키고, 네 서원을 갚아라.
악한 자들이 완전히 사라졌으니, 다시는 너를 치러 오지 못한다.

🪶 묵상하기

나훔서는 당대 가장 강대한 나라이자 가장 잔혹했던 앗수르의 수도 니느웨를 향한 하나님의 경고와 심판을 담고 있습니다. 요나서에서 니느웨의 회개를 통하여 심판을 거두셨던 하나님이 이제 니느웨에 심판을 행하십니다. 그들의 끊임없는 완악함과 죄악에 마침내 공의를 드러내십니다. 하나님의 공의는 반드시 실현된다는 것을 입증함으로써 하나님의 백성에게 구원의 희망을 전합니다. 이는 유다에게 구원의 말씀입니다. 나아가서 나훔은 온 우주의 주권자이신 하나님을 선포합니다. 하나님은 온 세계와 모든 역사의 주인이십니다.

나훔 1:7

나훔 1:8

나훔 1:15

하박국 2:4   보라 그의 마음은 교만하며 그 속에서 정직하지 못하나
　　　　　　　　의인은 그의 믿음으로 말미암아 살리라

　　　　　　　　<u>새번역</u> 마음이 한껏 부푼 교만한 자를 보아라. 그는 정직하지 못하다.
　　　　　　　　그러나 의인은 믿음으로 산다.

하박국 3:2   여호와여 내가 주께 대한 소문을 듣고 놀랐나이다
　　　　　　　　여호와여 주는 주의 일을 이 수년 내에 부흥하게 하옵소서
　　　　　　　　이 수년 내에 나타내시옵소서 진노 중에라도 긍휼을 잊지 마옵소서

　　　　　　　　<u>새번역</u> 주님, 내가 주님의 명성을 듣습니다. 주님, 주님께서 하신 일을 보고 놀랍니다.
　　　　　　　　주님의 일을 우리 시대에도 새롭게 하여 주십시오. 우리 시대에도 알려 주십시오.
　　　　　　　　진노하시더라도, 잊지 마시고 자비를 베풀어 주십시오.

하박국 3:18   나는 여호와로 말미암아 즐거워하며
　　　　　　　　나의 구원의 하나님으로 말미암아 기뻐하리로다

　　　　　　　　<u>새번역</u> 나는 주님 안에서 즐거워하려다. 나를 구원하신 하나님 안에서 기뻐하려다.

 묵상하기

하박국 선지자가 불의(의인의 고통과 악인의 형통)를 묵인한 채 심판하지 않으시는 하나님께 의문을 제기합니다. 그러나 공의에 대한 하나님과의 문답을 통해 하박국은 하나님께서 자신의 공의를 이 세상에 드러내시는 방법이 인간의 이해와 상식을 뛰어넘는다는 것을 깨닫습니다. 그리고 하나님의 방법에 확신을 얻고 기뻐합니다. 그리하여 하박국서는 하나님의 대한 탄식과 불평에서 시작하여 찬양과 경배로 끝맺습니다.

하박국 2:4

하박국 3:2

하박국 3:18

하박국 3:19a 주 여호와는 나의 힘이시라 나의 발을 사슴과 같게 하사
나를 나의 높은 곳으로 다니게 하시리로다
새번역 주 하나님은 나의 힘이시다. 나의 발을 사슴의 발과 같게 하셔서,
산등성이를 마구 치닫게 하신다.

스바냐 1:6 여호와를 배반하고 따르지 아니한 자들과 여호와를
찾지도 아니하며 구하지도 아니한 자들을 멸절하리라
새번역 주를 등지고 돌아선 자들, 주를 찾지도 않고
아무것도 여쭙지 않는 자들을 내가 없애 버리겠다.

스바냐 2:3 여호와의 규례를 지키는 세상의 모든 겸손한 자들아
너희는 여호와를 찾으며 공의와 겸손을 구하라
너희가 혹시 여호와의 분노의 날에 숨김을 얻으리라
새번역 주님의 명령을 따르면서 살아가는 이 땅의 모든 겸손한 사람들아,
너희는 주님을 찾아라. 올바로 살도록 힘쓰고, 겸손하게 살도록 애써라.
주님께서 진노하시는 날에, 행여 화를 피할 수 있을지도 모른다.

묵상하기

스바냐 선지자는 유다와 열방에 대해 '여호와의 날'이 임박했음을 선포하고, 이 날이 모든 백성들에게 잔혹한 형벌의 날이 되겠지만, 신실하게 하나님을 섬긴 '남은 자'들에게는 오히려 소망의 날이 될 것을 예언합니다.
스바냐서를 기록한 스바냐는 히스기야 왕의 4대손으로(습 1:1) 유다의 왕족입니다. 유다의 마지막 선한 왕인 요시야 시대에 활동했으며, 예레미야, 나훔, 하박국과 동시대 인물이지요.

하박국 3:19a

스바냐 1:6

스바냐 2:3

스바냐 3:17   너의 하나님 여호와가 너의 가운데에 계시니
그는 구원을 베푸실 전능자이시라 그가 너로 말미암아
기쁨을 이기지 못하시며 너를 잠잠히 사랑하시며
너로 말미암아 즐거이 부르며 기뻐하시리라 하리라

새번역 주 너의 하나님이 너와 함께 계신다. 구원을 베푸실 전능하신 하나님이시다.
너를 보고서 기뻐하고 반기시고, 너를 사랑으로 새롭게 해주시고
너를 보고서 노래하며 기뻐하실 것이다.

학개 1:4   이 성전이 황폐하였거늘
너희가 이 때에 판벽한 집에 거주하는 것이 옳으냐

새번역 "성전이 이렇게 무너져 있는데, 지금이 너희만
잘 꾸민 집에 살고 있을 때란 말이냐?"

✒ 묵상하기

바벨론 포로에서 돌아온 후 성전의 기초를 놓았으나 이스라엘의 생계 문제와 주변 사람들의
건축 방해로, 성전 건축은 중단되었고, 유다의 백성들은 성전 짓기를 포기하고 말았습니다.
이는 하나님과의 교제인 예배를 포기해버렸다는 의미였지요. 이에 하나님은 학개 선지자를
통해서 성전 건축을 재개함으로 다시 하나님을 예배하도록 격려하십니다.
학개서는 하나님의 말씀에 대한 순종과 불순종의 결과를 분명히 제시하고 있습니다. 그래서
하나님의 성전에서 하나님과 교제하는 것이 우선시되어야 하며, 그 일이 얼마나 영광된 일
인지 설명하고 있습니다.

스바냐 3:17

_____

_____

_____

_____

_____

학개 1:4

_____

_____

_____

학개 1:8
너희는 산에 올라가서 나무를 가져다가 성전을 건축하라
그리하면 내가 그것으로 말미암아 기뻐하고
또 영광을 얻으리라 여호와가 말하였느니라

새번역 너희는 산에 올라가서 나무를 베어다가 성전을 지어라. 그러면 내가
그 성전을 기껍게 여기고, 거기에서 내 영광을 드러내겠다. 나 주가 말한다.

스가랴 1:16
그러므로 여호와가 이처럼 말하노라 내가 불쌍히 여기므로
예루살렘에 돌아왔은즉 내 집이 그 가운데에 건축되리니
예루살렘 위에 먹줄이 쳐지리라 만군의 여호와의 말이니라

새번역 그러므로 나 주가 이렇게 선언한다. 나는 예루살렘을 불쌍히
여기는 심정으로 이 도성에 돌아왔다. 그 가운데 내 집을 다시 세우겠다.
예루살렘 위에 측량줄을 다시 긋겠다. 나 만군의 주의 말이다.

묵상하기

스가랴서는 회개하도록 부르시는 것으로 시작됩니다. 바벨론 포로에서 돌아온 후 성전 재건
이 생계 등의 이유로 중단되었을 때 스가랴는 예언을 통해서 이스라엘을 격려하여 성전 건
축을 완성하도록 합니다. 이스라엘의 회개에 있어서 성전은 중요한 위치를 차지합니다. 그
러나 단순히 형식적인 종교의 회복이 아닌 바른 신앙과 바른 삶의 윤리를 회복해야 한다고
권면합니다. 또한 스가랴는 마침내 오실 메시아를 통해서 진정한 하나님의 나라가 시작되며
완성될 것을 예언하고 있습니다.

학개 1:8

스가랴 1:16

스가랴 8:7   만군의 여호와가 이같이 말하노라 보라, 내가 내 백성을
해가 뜨는 땅과 해가 지는 땅에서부터 구원하여 내고

^{새번역} 나 만군의 주가 말한다. 내가 내 백성을 구해
동쪽 땅과 서쪽 땅에서 구원하여 내겠다.

스가랴 8:8   인도하여다가 예루살렘 가운데에 거주하게 하리니
그들은 내 백성이 되고 나는 진리와 공의로 그들의 하나님이 되리라

^{새번역} 내가 그들을 데리고 와서, 예루살렘에서 살게 하겠다. 그들은 나의
백성이 될 것이며, 나는 그들의 하나님이 되어 성실과 공의로 다스리겠다.

스가랴 9:9   시온의 딸아 크게 기뻐할지어다 예루살렘의 딸아 즐거이 부를지어다
보라 네 왕이 네게 임하시나니 그는 공의로우시며 구원을 베푸시며
겸손하여서 나귀를 타시나니 나귀의 작은 것 곧 나귀 새끼니라

^{새번역} 도성 시온아, 크게 기뻐하여라. 도성 예루살렘아, 환성을 올려라.
네 왕이 네게로 오신다. 그는 공의로우신 왕, 구원을 베푸시는 왕이시다.
그는 온순하셔서, 나귀 곧 나귀 새끼인 어린 나귀를 타고 오신다.

스가랴 8:7

스가랴 8:8

스가랴 9:9

스가랴 13:7　만군의 여호와가 말하노라 칼아 깨어서 내 목자,
내 짝 된 자를 치라 목자를 치면 양이 흩어지려니와
작은 자들 위에는 내가 내 손을 드리우리라

새번역 "칼아, 깨어 일어나서, 내 목자를 쳐라. 나와 사이가 가까운
그 사람을 쳐라. 나 만군의 주가 하는 말이다. 목자를 쳐라.
그러면 양 떼가 흩어질 것이다. 나 또한 그 어린 것들을 칠 것이다."

스가랴 14:9　여호와께서 천하의 왕이 되시리니 그 날에는 여호와께서
홀로 한 분이실 것이요 그의 이름이 홀로 하나이실 것이라

새번역 주님께서 온 세상의 왕이 되실 것이다. 그 날이 오면, 사람들은 오직
주님 한 분만을 섬기고, 오직 그분의 이름 하나만으로 간구할 것이다.

말라기 3:1　만군의 여호와가 이르노라 보라 내가 내 사자를 보내리니
그가 내 앞에서 길을 준비할 것이요 또 너희가 구하는 바
주가 갑자기 그의 성전에 임하시리니
곧 너희가 사모하는 바 언약의 사자가 임하실 것이라

새번역 내가 나의 특사를 보내겠다. 그가 나의 갈 길을 닦을 것이다.
너희가 오랫동안 기다린 주가, 문득 자기의 궁궐에 이를 것이다.
너희가 오랫동안 기다린, 그 언약의 특사가 이를 것이다. 나 만군의 주가 말한다.

스가랴 13:7

스가랴 14:9

말라기 3:1

말라기 3:7　　만군의 여호와가 이르노라 너희 조상들의 날로부터 너희가
　　　　　　　나의 규례를 떠나 지키지 아니하였도다 그런즉 내게로 돌아오라
　　　　　　　그리하면 나도 너희에게로 돌아가리라 하였더니 너희가 이르기를
　　　　　　　우리가 어떻게 하여야 돌아가리이까 하는도다

새번역 너희 조상 때로부터, 너희는 내 규례를 떠나서 지키지 않았다. 이제 너희는
나에게로 돌아오너라. 나도 너희에게로 돌아가겠다. 나 만군의 주가 말한다.
그러나 너희는 '돌아가려면, 우리가 무엇을 하여야 합니까?' 하고 묻는구나.

말라기 4:2　　내 이름을 경외하는 너희에게는 공의로운 해가 떠올라서
　　　　　　　치료하는 광선을 비추리니 너희가 나가서
　　　　　　　외양간에서 나온 송아지같이 뛰리라

새번역 그러나 내 이름을 경외하는 너희에게는, 의로운 해가 떠올라서 치료하는
광선을 발할 것이니 너희는 외양간에서 풀려 난 송아지처럼 뛰어다닐 것이다.

묵상하기

성전과 성벽을 재건한 이후 이스라엘 백성은 예배를 회복했지만 얼마 지나지 않아 그들은
형식만 남은 종교, 정의 없는 윤리로 점철된 삶을 살아가게 되었습니다. 꾸준히 지적되었던
제사장들의 부패, 우상숭배자와의 결혼, 사회적 약자에 대한 악행, 십일조를 내지 않는 죄 등
으로 인해 그들의 삶은 하나님을 떠나 있었던 것이지요.
말라기서는 신실하신 하나님의 고발과 신실하지 않은 백성들의 의심이 번갈아 진행됩니다.
그럼에도 하나님은 신실하지 않은 백성을 완전히 심판하지 않고 그중 남은 자를 구원하실
계획을 세우십니다.

말라기 3:7

말라기 4:2

말라기 4:4 　너희는 내가 호렙에서 온 이스라엘을 위하여
　내 종 모세에게 명령한 법 곧 율례와 법도를 기억하라

새번역 너희는 율법, 곧 율례와 법도를 기억하여라. 그것은 내가 호렙 산에서
내 종 모세를 시켜서, 온 이스라엘이 지키도록 이른 것이다.

말라기 4:5 　보라 여호와의 크고 두려운 날이 이르기 전에
　내가 선지자 엘리야를 너희에게 보내리니

새번역 주의 크고 두려운 날이 이르기 전에, 내가 너희에게 엘리야 예언자를 보내겠다.

말라기 4:6 　그가 아버지의 마음을 자녀에게로 돌이키게 하고
　자녀들의 마음을 그들의 아버지에게로 돌이키게 하리라
　돌이키지 아니하면 두렵건대 내가 와서
　저주로 그 땅을 칠까 하노라 하시니라

새번역 그가 아버지의 마음을 자녀에게로 돌이키고, 자녀의 마음을 아버지에게로
돌이킬 것이다. 돌이키지 아니하면, 내가 가서 이 땅에 저주를 내리겠다.

말라기 4:4

말라기 4:5

말라기 4:6

2부

신약 성경을 쓰다

마태복음 1:1	아브라함과 다윗의 자손 예수 그리스도의 계보라

새번역 아브라함의 자손이요 다윗의 자손인 예수 그리스도의 계보는 이러하다.

마태복음 1:23	보라 처녀가 잉태하여 아들을 낳을 것이요
	그의 이름은 임마누엘이라 하리라 하셨으니
	이를 번역한즉 하나님이 우리와 함께 계시다 함이라

새번역 "보아라, 동정녀가 잉태하여 아들을 낳을 것이니, 그의 이름을 임마누엘이라고 할 것이다" 하신 말씀을 이루려고 하신 것이다.
(임마누엘은 번역하면 '하나님이 우리와 함께 계시다'는 뜻이다.)

마태복음 4:4	예수께서 대답하여 이르시되 기록되었으되
	사람이 떡으로만 살 것이 아니요 하나님의 입으로부터 나오는
	모든 말씀으로 살 것이라 하였느니라 하시니

새번역 예수께서 대답하셨다. "성경에 기록하기를 '사람이 빵으로만 살 것이 아니라, 하나님의 입에서 나오는 모든 말씀으로 살 것이다' 하였다."

묵상하기

마태복음은 이스라엘에게 약속된 메시아, 다윗의 혈통으로 오신 메시아가 '바로 예수이시다'라는 것을 보여주며, 그분이 다스리시는 '하나님 나라'(천국)에 대해 가르칩니다.
가장 중요한 내용은 예수님의 5번의 설교입니다. 설교 앞부분에 이야기가 짝을 지어서 나옵니다. 이 이야기와 설교를 통해 마태복음은 구약에 약속된 메시아가 바로 예수님이시며, 그분이 왕으로 오셨음을 강조하고 있습니다. 그분이 다스리시는 하나님 나라(천국)가 어떤 나라인지를 자세하고 풍성하게 다룹니다. 그리고 구약에서 예언된 대로 이루어지는 예수님의 고난, 죽음, 부활을 이야기합니다. 마태복음은 예수님의 지상명령으로 마무리됩니다.

마태복음 1:1

마태복음 1:23

마태복음 4:4

마태복음 5:5   온유한 자는 복이 있나니 그들이 땅을 기업으로 받을 것임이요

새번역 온유한 사람은 복이 있다. 그들이 땅을 차지할 것이다.

마태복음 6:33   그런즉 너희는 먼저 그의 나라와 그의 의를 구하라
그리하면 이 모든 것을 너희에게 더하시리라

새번역 너희는 먼저 하나님의 나라와 하나님의 의를 구하여라.
그리하면 이 모든 것을 너희에게 더하여 주실 것이다.

마태복음 7:12   그러므로 무엇이든지 남에게 대접을 받고자 하는 대로
너희도 남을 대접하라 이것이 율법이요 선지자니라

새번역 "그러므로 너희는 무엇이든지, 남에게 대접을 받고자 하는 대로,
너희도 남을 대접하여라. 이것이 율법과 예언서의 본뜻이다."

마태복음 16:16   시몬 베드로가 대답하여 이르되 주는 그리스도시요
살아 계신 하나님의 아들이시니이다

새번역 시몬 베드로가 대답하였다.
"선생님은 살아 계신 하나님의 아들 그리스도십니다."

마태복음 5:5

마태복음 6:33

마태복음 7:12

마태복음 16:16

마태복음 28:18
예수께서 나아와 말씀하여 이르시되
하늘과 땅의 모든 권세를 내게 주셨으니
새번역 예수께서 다가와서, 그들에게 말씀하셨다.
"나는 하늘과 땅의 모든 권세를 받았다."

마태복음 28:19
그러므로 너희는 가서 모든 민족을 제자로 삼아
아버지와 아들과 성령의 이름으로 세례를 베풀고
새번역 그러므로 너희는 가서, 모든 민족을 제자로 삼아서,
아버지와 아들과 성령의 이름으로 세례를 주고,

마태복음 28:20
내가 너희에게 분부한 모든 것을 가르쳐 지키게 하라 볼지어다
내가 세상 끝날까지 너희와 항상 함께 있으리라 하시니라
새번역 내가 너희에게 명령한 모든 것을 그들에게 가르쳐 지키게 하여라.
보아라, 내가 세상 끝 날까지 항상 너희와 함께 있을 것이다.

마가복음 1:1
하나님의 아들 예수 그리스도의 복음의 시작이라
새번역 하나님의 아들 예수 그리스도의 복음의 시작은 이러하다.

마태복음 28:18

_____

_____

마태복음 28:19

_____

_____

_____

마태복음 28:20

_____

_____

_____

마가복음 1:1

_____

_____

마가복음 1:17   예수께서 이르시되 나를 따라오라
                내가 너희로 사람을 낚는 어부가 되게 하리라 하시니
                ^{새번역} 예수께서 그들에게 말씀하셨다. "나를 따라오너라.
                내가 너희를 사람을 낚는 어부가 되게 하겠다."

마가복음 10:31   그러나 먼저 된 자로서 나중 되고
                나중 된 자로서 먼저 될 자가 많으니라
                ^{새번역} 그러나 첫째가 꼴찌가 되고 꼴찌가 첫째가 되는 사람이 많을 것이다.

마가복음 10:45   인자가 온 것은 섬김을 받으려 함이 아니라 도리어 섬기려 하고
                자기 목숨을 많은 사람의 대속물로 주려 함이니라
                ^{새번역} 인자는 섬김을 받으러 온 것이 아니라 섬기러 왔으며,
                많은 사람을 구원하기 위하여 치를 몸값으로 자기 목숨을 내주러 왔다.

✒ 묵상하기

마가복음은 예수님이 어떻게 복음이 되시는지를 보여줍니다. 마가는 이 기쁜 소식을 전하기 위해 단도직입적이고 간결한 문체로 예수님의 사역을 빠르게 전개합니다. 그래서 '곧' '그리고' '즉시'와 같은 단어를 자주 사용하지요.

다른 복음서에 비해 예수님의 가르치시는 사역(선지자의 직분)보다 기적을 베푸시고 치유하시는 사역(왕의 직분)에 더 주목하고 있습니다. 예수님이 고난받는 종(인자)으로 오셨음을 설명하며, '십자가를 지고 따라가는 것'이 제자도의 본질임을 가르쳐주고 있습니다.

마가복음 1:17

마가복음 10:31

마가복음 10:45

마가복음 12:17　　이에 예수께서 이르시되 가이사의 것은 가이사에게,
　　　　　　　　　하나님의 것은 하나님께 바치라 하시니
　　　　　　　　　그들이 예수께 대하여 매우 놀랍게 여기더라

　　　　　　　　　새번역 예수께서 그들에게 말씀하셨다. "황제의 것은 황제에게 돌려주고,
　　　　　　　　　하나님의 것은 하나님께 돌려드려라." 그들은 예수께 경탄하였다.

누가복음 2:11　　오늘 다윗의 동네에 너희를 위하여
　　　　　　　　　구주가 나셨으니 곧 그리스도 주시니라

　　　　　　　　　새번역 오늘 다윗의 동네에서 너희에게 구주가 나셨으니,
　　　　　　　　　그는 곧 그리스도 주님이시다.

누가복음 2:14　　지극히 높은 곳에서는 하나님께 영광이요
　　　　　　　　　땅에서는 하나님이 기뻐하신 사람들 중에 평화로다 하니라

　　　　　　　　　새번역 "더없이 높은 곳에서는 하나님께 영광이요,
　　　　　　　　　땅에서는 주님께서 좋아하시는 사람들에게 평화로다."

✎ 묵상하기

누가복음은 여자, 아이, 가난한 자, 장애를 가진 자 등 소외되고 약한 자들에 대한 이야기가
자주 등장하면서 그들도 복음에서 제외되지 않는다는 사실을 알려줍니다. 복음은 어떤 특수
한 사람들에게만 주어지는 것이 아니라 모든 사람에게 주시는 것이지요.
누가복음은 또한 성령과 기도를 강조합니다. 구원은 예수님을 통해 이루어지지만 그 사역의
준비부터 행하신 모든 일에 성령님이 함께하심을 기록하고 있습니다. 또 기도에 대한 가르
침을 이야기하면서 예수님께서 모든 순간마다 친히 기도하셨음을 보여줍니다.

마가복음 12:17

_____

_____

_____

_____

누가복음 2:11

_____

_____

_____

누가복음 2:14

_____

_____

_____

누가복음 10:3　　갈지어다 내가 너희를 보냄이

어린 양을 이리 가운데로 보냄과 같도다

새번역 가거라, 내가 너희를 보내는 것이 양을 이리 가운데로 보내는 것과 같다.

누가복음 11:2　　예수께서 이르시되 너희는 기도할 때에 이렇게 하라

아버지여 이름이 거룩히 여김을 받으시오며 나라가 임하시오며

새번역 예수께서 그들에게 말씀하셨다. "너희는 기도할 때에, 이렇게 말하여라.
'아버지, 그 이름을 거룩하게 하여 주시고, 그 나라를 오게 하여 주십시오.'"

누가복음 19:10　　인자가 온 것은 잃어버린 자를 찾아 구원하려 함이니라

새번역 인자는 잃은 것을 찾아 구원하러 왔다.

누가복음 23:47　　백부장이 그 된 일을 보고 하나님께 영광을 돌려 이르되

이 사람은 정녕 의인이었도다

새번역 그런데 백부장은 그 일어난 일을 보고, 하나님께 영광을
돌리며 말하였다. "이 사람은 참으로 의로운 사람이었다."

누가복음 24:48　　너희는 이 모든 일의 증인이라

새번역 너희는 이 일의 증인이다.

누가복음 10:3

누가복음 11:2

누가복음 19:10

누가복음 23:47

누가복음 24:48

요한복음 1:1 태초에 말씀이 계시니라
이 말씀이 하나님과 함께 계셨으니 이 말씀은 곧 하나님이시니라

새번역 태초에 '말씀'이 계셨다.
그 '말씀'은 하나님과 함께 계셨다. 그 '말씀'은 하나님이셨다.

요한복음 1:14 말씀이 육신이 되어 우리 가운데 거하시매
우리가 그의 영광을 보니 아버지의 독생자의 영광이요
은혜와 진리가 충만하더라

새번역 그 말씀은 육신이 되어 우리 가운데 사셨다. 우리는 그의 영광을 보았다.
그것은 아버지께서 주신, 외아들의 영광이었다. 그는 은혜와 진리가 충만하였다.

요한복음 1:18 본래 하나님을 본 사람이 없으되
아버지 품속에 있는 독생하신 하나님이 나타내셨느니라

새번역 일찍이, 하나님을 본 사람은 아무도 없다.
아버지의 품속에 계신 외아들이신 하나님께서 하나님을 알려주셨다.

묵상하기

요한복음은 태초에 말씀이 하나님과 함께 계셨고 하나님과 함께 온 세상을 창조했음을 먼저 밝힙니다(요 1:1). 이 말씀이 '예수님'입니다. 성육신하여 십자가에 못 박히신 예수님이 "세상 죄를 지고 가는 하나님의 어린 양"(요 1:29)이며, 그토록 기다리던 구약의 메시아임을 강조합니다. 또한 요한복음은 비유보다는 대화나 강화(설교)를 통하여 내용을 전달합니다. 특히 예수님은 "나는… 이다"라는 말로 자신을 소개하며, 구원자로 이 세상에 오신 의미를 설명해주고 있습니다.

요한복음 1:1

요한복음 1:14

요한복음 1:18

요한복음 3:16   하나님이 세상을 이처럼 사랑하사 독생자를 주셨으니
이는 그를 믿는 자마다 멸망하지 않고 영생을 얻게 하려 하심이라

새번역 하나님께서 세상을 이처럼 사랑하셔서 외아들을 주셨으니,
이는 그를 믿는 사람마다 멸망하지 않고 영생을 얻게 하려는 것이다.

요한복음 6:35   예수께서 이르시되 나는 생명의 떡이니 내게 오는 자는 결코
주리지 아니할 터이요 나를 믿는 자는 영원히 목마르지 아니하리라

새번역 예수께서 그들에게 말씀하셨다. "내가 생명의 빵이다. 내게로 오는 사람은
결코 주리지 않을 것이요, 나를 믿는 사람은 다시는 목마르지 않을 것이다."

요한복음 9:25   대답하되 그가 죄인인지 내가 알지 못하나 한 가지 아는 것은
내가 맹인으로 있다가 지금 보는 그것이니이다

새번역 그는 이렇게 대답하였다. "나는 그분이 죄인인지 아닌지는 모릅니다.
다만 한 가지 내가 아는 것은, 내가 눈이 멀었다가, 지금은 보게 되었다는 것입니다."

요한복음 13:34   새 계명을 너희에게 주노니 서로 사랑하라
내가 너희를 사랑한 것같이 너희도 서로 사랑하라

새번역 이제 나는 너희에게 새 계명을 준다. 서로 사랑하여라.
내가 너희를 사랑한 것같이, 너희도 서로 사랑하여라.

요한복음 3:16

요한복음 6:35

요한복음 9:25

요한복음 13:34

요한복음 13:35　너희가 서로 사랑하면 이로써
모든 사람이 너희가 내 제자인 줄 알리라
새번역 너희가 서로 사랑하면, 모든 사람이 그것으로써
너희가 내 제자인 줄을 알게 될 것이다.

요한복음 20:31　오직 이것을 기록함은 너희로 예수께서
하나님의 아들 그리스도이심을 믿게 하려 함이요
또 너희로 믿고 그 이름을 힘입어 생명을 얻게 하려 함이니라
새번역 그런데 여기에 이것이나마 기록한 목적은, 여러분으로 하여금
예수가 그리스도요 하나님의 아들이심을 믿게 하고,
또 그렇게 믿어서 그의 이름으로 생명을 얻게 하려는 것이다.

요한복음 21:15　그들이 조반 먹은 후에 예수께서 시몬 베드로에게 이르시되
요한의 아들 시몬아 네가 이 사람들보다 나를 더 사랑하느냐
하시니 이르되 주님 그러하나이다 내가 주님을 사랑하는 줄
주님께서 아시나이다 이르시되 내 어린 양을 먹이라 하시고
새번역 그들이 아침을 먹은 뒤에, 예수께서 시몬 베드로에게 물으셨다.
"요한의 아들 시몬아, 네가 이 사람들보다 나를 더 사랑하느냐?"
베드로가 대답하였다. "주님, 그렇습니다. 내가 주님을 사랑하는 줄을
주님께서 아십니다." 예수께서 그에게 말씀하셨다. "내 어린 양 떼를 먹여라."

요한복음 13:35

요한복음 20:31

요한복음 21:15

사도행전 1:7 　　이르시되 때와 시기는 아버지께서 자기의 권한에 두셨으니
　　　　　　　　너희가 알 바 아니요

새번역 예수께서 그들에게 말씀하셨다. "때나 시기는 아버지께서
아버지의 권한으로 정하신 것이니, 너희가 알 바가 아니다."

사도행전 1:8 　　오직 성령이 너희에게 임하시면 너희가 권능을 받고
　　　　　　　　예루살렘과 온 유대와 사마리아와 땅 끝까지 이르러
　　　　　　　　내 증인이 되리라 하시니라

새번역 그러나 성령이 너희에게 내리시면, 너희는 능력을 받고, 예루살렘과
온 유대와 사마리아에서, 그리고 마침내 땅 끝에까지 이르러 내 증인이 될 것이다.

사도행전 2:21 　　누구든지 주의 이름을 부르는 자는 구원을 받으리라 하였느니라

새번역 그러나 주님의 이름을 부르는 사람은 구원을 얻을 것이다.

묵상하기

사도행전은 누가복음에 이어 누가가 두 번째로 쓴 책입니다. 예수님의 승천 후 약속하신 보
혜사 성령의 오심으로 제자들과 믿는 무리가 권능을 받고, 예루살렘(유대교의 중심)에서 땅 끝
(온 세계)까지 복음이 전파되며 교회가 세워집니다.

무엇보다 사도행전은 '진행'됩니다. 지리적으로 점점 확장되고, 복음의 대상 또한 확장되어
갑니다. 전반부는 베드로를 중심으로 예루살렘 공동체의 유대인에게, 후반부는 바울을 중심
으로 이방인 공동체들을 거쳐 로마에 이르기까지 복음 전파가 진행됩니다. 이는 모두 누가
복음에서 예수님께서 하신 말씀들이 성취되는 과정을 그린 것입니다.

사도행전 1:7

_____

_____

사도행전 1:8

_____

_____

_____

_____

사도행전 2:21

_____

_____

사도행전 6:7 　하나님의 말씀이 점점 왕성하여 예루살렘에 있는 제자의 수가
　　　더 심히 많아지고 허다한 제사장의 무리도 이 도에 복종하니라

새번역 하나님의 말씀이 계속 퍼져 나가서 예루살렘에 있는 제자들의 수가 부쩍
늘어가고, 제사장들 가운데서도 이 믿음에 순종하는 사람들이 많았다.

사도행전 20:35 　범사에 여러분에게 모본을 보여준 바와 같이 수고하여
　　　약한 사람들을 돕고 또 주 예수께서 친히 말씀하신 바
　　　주는 것이 받는 것보다 복이 있다 하심을 기억하여야 할지니라

새번역 나는 모든 일에서 여러분에게 본을 보였습니다. 이렇게 힘써 일해서
약한 사람을 도와주는 것이 마땅합니다. 그리고 주 예수께서 친히
'주는 것이 받는 것보다 더 복이 있다' 하신 말씀을 반드시 명심해야 합니다.

로마서 1:17 　복음에는 하나님의 의가 나타나서 믿음으로 믿음에 이르게 하나니
　　　기록된 바 오직 의인은 믿음으로 말미암아 살리라 함과 같으니라

새번역 하나님의 의가 복음 속에 나타납니다.
이 일은 오로지 믿음에 근거하여 일어납니다. 이것은 성경에 기록한 바
"의인은 믿음으로 살 것이다" 한 것과 같습니다.

로마서 3:23 　모든 사람이 죄를 범하였으매 하나님의 영광에 이르지 못하더니

새번역 모든 사람이 죄를 범하였습니다.
그래서 사람은 하나님의 영광에 못 미치는 처지에 놓여 있습니다.

사도행전 6:7

사도행전 20:35

로마서 1:17

로마서 3:23

로마서 3:24　　　그리스도 예수 안에 있는 속량으로 말미암아
　　　　　　　　하나님의 은혜로 값없이 의롭다 하심을 얻은 자 되었느니라

　　　　　　　　새번역 그러나 사람은, 그리스도 예수 안에서 얻는 구원으로 말미암아,
　　　　　　　　하나님의 은혜로 값없이 의롭다는 선고를 받습니다.

로마서 6:23　　　죄의 삯은 사망이요 하나님의 은사는
　　　　　　　　그리스도 예수 우리 주 안에 있는 영생이니라

　　　　　　　　새번역 죄의 삯은 죽음이요, 하나님의 선물은 우리 주
　　　　　　　　예수 그리스도 안에서 누리는 영원한 생명입니다.

로마서 8:1　　　그러므로 이제 그리스도 예수 안에 있는 자에게는
　　　　　　　　결코 정죄함이 없나니

　　　　　　　　새번역 그러므로 그리스도 예수 안에 있는 사람들은 정죄를 받지 않습니다.

묵상하기

로마서는 복음에 대해 가장 체계적이며 포괄적으로 전하고 있습니다. 복음, 즉 '하나님의 의' 에 대하여 설명하며 먼저 모든 인간(유대인과 이방인)이 죄인임을 선언합니다. 그러나 그리스도 께서 이런 죄의 문제를 해결하시고 하나님과의 관계를 회복할 수 있는(하나님의 의를 획득할 수 있는) 길을 여셨고, 모든 죄인은 오직 믿음으로 말미암아 오직 은혜로 의롭다 하심을 입을 수 있게 되었습니다.

또한 이방인과 유대인이 공존하고 있던 공동체인 로마교회에게, 구원은 이방인과 유대인 모 두 조건 없이 은혜를 베푸시는 하나님의 주권에 달린 것이며, 따라서 구원이 인간의 공로가 전혀 포함되지 않는 값없는 선물임을 이야기합니다. 그래서 구원받은 하나님의 자녀들은 모 두, 복음에 합당하게 하나님을 향한 신실한 예배의 삶을 살아야 합니다.

로마서 3:24

로마서 6:23

로마서 8:1

로마서 8:28 　우리가 알거니와 하나님을 사랑하는 자 곧 그의 뜻대로 부르심을
입은 자들에게는 모든 것이 합력하여 선을 이루느니라

새번역 하나님을 사랑하는 사람들, 곧 하나님의 뜻대로 부르심을 받은
사람들에게는, 모든 일이 서로 협력해서 선을 이룬다는 것을 우리는 압니다.

로마서 8:39 　높음이나 깊음이나 다른 어떤 피조물이라도 우리를 우리 주
그리스도 예수 안에 있는 하나님의 사랑에서 끊을 수 없으리라

새번역 높음도, 깊음도, 그 밖에 어떤 피조물도, 우리를 우리 주 예수
그리스도 안에 있는 하나님의 사랑에서 끊을 수 없습니다.

로마서 11:36 　이는 만물이 주에게서 나오고 주로 말미암고
주에게로 돌아감이라 그에게 영광이 세세에 있을지어다 아멘

새번역 만물이 그에게서 나고, 그로 말미암아 있고, 그를 위하여 있습니다.
그에게 영광이 세세에 있기를 빕니다. 아멘.

고린도전서 1:24 　오직 부르심을 받은 자들에게는 유대인이나 헬라인이나
그리스도는 하나님의 능력이요 하나님의 지혜니라

새번역 그러나 부르심을 받은 사람에게는, 유대 사람에게나 그리스 사람에게나,
이 그리스도는 하나님의 능력이요, 하나님의 지혜입니다.

로마서 8:28

로마서 8:39

로마서 11:36

고린도전서 1:24

고린도전서 3:3   너희는 아직도 육신에 속한 자로다 너희 가운데 시기와 분쟁이
있으니 어찌 육신에 속하여 사람을 따라 행함이 아니리요

새번역 여러분은 아직도 육에 속한 사람들입니다. 여러분 가운데에서 시기와 싸움이
있으니, 여러분은 육에 속한 사람이고, 인간의 방식대로 살고 있는 것이 아닙니까?

고린도전서 6:19   너희 몸은 너희가 하나님께로부터 받은 바 너희 가운데 계신
성령의 전인 줄을 알지 못하느냐 너희는 너희 자신의 것이 아니라

새번역 여러분의 몸은 여러분 안에 계신 성령의 성전이라는 것을 알지 못합니까?
여러분은 성령을 하나님으로부터 받아서 모시고 있습니다.
여러분은 여러분 자신의 것이 아닙니다.

고린도전서 10:13   사람이 감당할 시험 밖에는 너희가 당한 것이 없나니
오직 하나님은 미쁘사 너희가 감당하지 못할 시험 당함을
허락하지 아니하시고 시험 당할 즈음에 또한 피할 길을 내사
너희로 능히 감당하게 하시느니라

새번역 여러분은 사람이 흔히 겪는 시련 밖에 다른 시련을 당한 적이 없습니다.
하나님은 신실하십니다. 여러분이 감당할 수 있는 능력 이상으로 시련을 겪는 것을
하나님은 허락하지 않으십니다. 하나님께서는 시련과 함께 그것을 벗어날 길도
마련해 주셔서, 여러분이 그 시련을 견디어 낼 수 있게 해주십니다.

고린도전서 3:3

고린도전서 6:19

고린도전서 10:13

고린도전서 15:55　사망아 너의 승리가 어디 있느냐 사망아 네가 쏘는 것이 어디 있느냐

새번역 "죽음아, 너의 승리가 어디에 있느냐? 죽음아, 너의 독침이 어디에 있느냐?"

고린도전서 15:58　그러므로 내 사랑하는 형제들아 견실하며 흔들리지 말고
항상 주의 일에 더욱 힘쓰는 자들이 되라
이는 너희 수고가 주 안에서 헛되지 않은 줄 앎이라

새번역 그러므로 나의 사랑하는 형제자매 여러분, 굳게 서서 흔들리지 말고,
주님의 일을 더욱 많이 하십시오. 여러분이 아는 대로,
여러분의 수고가 주님 안에서 헛되지 않습니다.

고린도후서 2:17　우리는 수많은 사람들처럼 하나님의 말씀을 혼잡하게 하지 아니하고
곧 순전함으로 하나님께 받은 것같이
하나님 앞에서와 그리스도 안에서 말하노라

새번역 우리는, 저 많은 사람들처럼 하나님의 말씀을 팔아서 먹고 살아가는 장사꾼이
아닙니다. 우리는, 하나님께서 보내신 일꾼답게, 진실한 마음으로 일하는
사람들입니다. 우리는 하나님이 보시는 앞에서, 그리스도 안에서 말하는 것입니다.

묵상하기

고린도서는 고린도 교회에서 문제가 되었던 분열, 도덕적인 문제, 부활에 대한 잘못된 이해 등을 바로 잡기 위해 쓴 편지입니다. 바울은 먼저 모든 것의 기초가 되는 그리스도의 십자가를 이야기합니다. 십자가가 지혜이고 능력입니다. 그렇기 때문에 성도는 복음에 합당한 거룩한 삶을 살아야 하며, 또한 덕을 세우기 위해 연약한 자들을 잘 살펴서 행동해야 합니다. 이것이 예수 그리스도의 삶을 따르는 사랑의 원리이며, 성도는 이 원리를 따라 살아야 합니다. 사랑은 성도에게 가장 좋은 삶의 길입니다.

고린도전서 15:55

고린도전서 15:58

고린도후서 2:17

고린도후서 4:5 　우리는 우리를 전파하는 것이 아니라 오직 그리스도 예수의
주 되신 것과 또 예수를 위하여 우리가 너희의 종 된 것을 전파함이라

새번역 우리는 우리 자신을 전하는 것이 아니라, 예수 그리스도를 주님으로
선포합니다. 우리는 예수로 말미암아 우리 자신을 여러분의 종으로 내세웁니다.

고린도후서 5:17 　그런즉 누구든지 그리스도 안에 있으면 새로운 피조물이라
이전 것은 지나갔으니 보라 새 것이 되었도다

새번역 누구든지 그리스도 안에 있으면, 그는 새로운 피조물입니다.
옛 것은 지나갔습니다. 보십시오, 새 것이 되었습니다.

고린도후서 5:21 　하나님이 죄를 알지도 못하신 이를 우리를 대신하여 죄로 삼으신
것은 우리로 하여금 그 안에서 하나님의 의가 되게 하려 하심이라

새번역 하나님께서는 죄를 모르시는 분에게 우리 대신으로 죄를 씌우셨습니다.
그것은 우리가 그리스도 안에서 하나님의 의가 되게 하시려는 것입니다.

묵상하기

고린도후서에서 사도 바울은 고린도 교회에 회개가 일어난 것을 듣고 크게 기뻐합니다. 이어서 바울은 자기 사역의 정당성과 사도직을 의심하는 사람들의 공격에 맞서 적극적으로 자신을 변호하고 있습니다. 바울은 자신이 새 언약의 일꾼이며 다른 사도들에 비해 부족함이 없음을 부득이 자랑하고, 자신의 약함과 고난을 통해 하나님의 능력이 나타난 것을 자랑합니다. 곧 참된 사도의 특징은 겉으로 보이는 위대함이 아니라 섬김과 자기희생, 그리고 그리스도의 고난에 참여하는 것이라고 주장하고 있습니다.

고린도후서 4:5

고린도후서 5:17

고린도후서 5:21

고린도후서 6:7   진리의 말씀과 하나님의 능력으로 의의 무기를 좌우에 가지고

새번역 진리의 말씀과 하나님의 능력으로 이 일을 합니다.
우리는 오른손과 왼손에 의의 무기를 들고,

고린도후서 6:10   근심하는 자 같으나 항상 기뻐하고 가난한 자 같으나 많은 사람을
부요하게 하고 아무것도 없는 자 같으나 모든 것을 가진 자로다

새번역 근심하는 사람 같으나 항상 기뻐하고, 가난한 사람 같으나 많은 사람을
부요하게 하고, 아무것도 가지지 않은 사람 같으나 모든 것을 가진 사람입니다.

고린도후서 9:7   각각 그 마음에 정한 대로 할 것이요 인색함으로나
억지로 하지 말지니 하나님은 즐겨 내는 자를 사랑하시느니라

새번역 각자 마음에 정한 대로 해야 하고, 아까워하면서 내거나, 마지못해서 하는 일은
없어야 합니다. 하나님께서는 기쁜 마음으로 내는 사람을 사랑하십니다.

고린도후서 12:7   여러 계시를 받은 것이 지극히 크므로 너무 자만하지 않게
하시려고 내 육체에 가시 곧 사탄의 사자를 주셨으니
이는 나를 쳐서 너무 자만하지 않게 하려 하심이라

새번역 내가 받은 엄청난 계시들 때문에 사람들이 나를 과대평가 할는지도
모릅니다. 그러므로 내가 교만하게 되지 못하도록, 하나님께서 내 몸에
가시를 주셨습니다. 그것은 사탄의 하수인이라고 할 수 있는데, 그것으로
나를 치셔서 나로 하여금 교만해지지 못하게 하시려는 것이었습니다.

고린도후서 6:7

고린도후서 6:10

고린도후서 9:7

고린도후서 12:7

갈라디아서 2:16   사람이 의롭게 되는 것은 율법의 행위로 말미암음이 아니요
오직 예수 그리스도를 믿음으로 말미암는 줄 알므로 우리도
그리스도 예수를 믿나니 이는 우리가 율법의 행위로써가 아니고
그리스도를 믿음으로써 의롭다 함을 얻으려 함이라
율법의 행위로써는 의롭다 함을 얻을 육체가 없느니라

새번역 그러나 사람이, 율법을 행하는 행위로 의롭게 되는 것이 아니라,
예수 그리스도를 믿는 믿음으로 의롭게 되는 것임을 알고, 우리도 그리스도
예수를 믿은 것입니다. 그것은, 우리가 율법을 행하는 행위로가 아니라,
그리스도를 믿는 믿음으로 의롭다고 하심을 받고자 했던 것입니다.
율법을 행하는 행위로는, 아무도 의롭게 될 수 없기 때문입니다.

갈라디아서 2:20   내가 그리스도와 함께 십자가에 못 박혔나니 그런즉 이제는
내가 사는 것이 아니요 오직 내 안에 그리스도께서 사시는 것이라
이제 내가 육체 가운데 사는 것은 나를 사랑하사 나를 위하여
자기 자신을 버리신 하나님의 아들을 믿는 믿음 안에서 사는 것이라

새번역 나는 그리스도와 함께 십자가에 못박혔습니다. 이제 살고 있는 것은
내가 아닙니다. 그리스도께서 내 안에서 살고 계십니다.
내가 지금 육신 안에서 살고 있는 삶은, 나를 사랑하셔서 나를 위하여
자기 몸을 내어주신 하나님의 아들을 믿는 믿음 안에서 살아가는 것입니다.

묵상하기

이방인들도 할례를 비롯한 의식법을 지켜야만 구원을 받는지에 대한 논쟁이 있었던 갈라디
아 교회에게, 사도 바울은 율법의 행위가 아닌 주 예수 그리스도를 믿는 믿음으로만 하나님
앞에 의롭게 설 수 있다고 호소합니다. 그리고 이러한 믿음의 삶은 방종을 낳는 것이 아니라
사랑으로 역사하며 선한 선행의 열매를 맺도록 한다고 전하고 있습니다.

갈라디아서 2:16

갈라디아서 2:20

갈라디아서 3:11　또 하나님 앞에서 아무도 율법으로 말미암아 의롭게 되지 못할 것이
분명하니 이는 의인은 믿음으로 살리라 하였음이라

새번역 하나님 앞에서는, 율법으로는 아무도 의롭게 되지 못한다는 것이
명백합니다. "의인은 믿음으로 살 것이다" 하였기 때문입니다.

갈라디아서 5:1　그리스도께서 우리를 자유롭게 하려고 자유를 주셨으니
그러므로 굳건하게 서서 다시는 종의 멍에를 메지 말라

새번역 그리스도께서 우리를 해방시켜 주셔서, 자유를 누리게 하셨습니다.
그러므로 굳게 서서, 다시는 종살이의 멍에를 메지 마십시오.

갈라디아서 5:6　그리스도 예수 안에서는 할례나 무할례나 효력이 없으되
사랑으로써 역사하는 믿음뿐이니라

새번역 그리스도 예수 안에서는, 할례를 받거나 안 받는 것이 문제가 되는 것이
아닙니다. 가장 중요한 것은, 믿음이 사랑을 통하여 일하는 것입니다.

갈라디아서 5:25　만일 우리가 성령으로 살면 또한 성령으로 행할지니

새번역 우리가 성령으로 삶을 얻었으니,
우리는 성령이 인도해 주심을 따라 살아갑시다.

갈라디아서 3:11

갈라디아서 5:1

갈라디아서 5:6

갈라디아서 5:25

갈라디아서 6:7   스스로 속이지 말라 하나님은 업신여김을 받지 아니하시나니
사람이 무엇으로 심든지 그대로 거두리라
새번역 자기를 속이지 마십시오. 하나님은 조롱을 받으실 분이 아니십니다.
사람은 무엇을 심든지, 심은 대로 거둘 것입니다.

에베소서 1:22   또 만물을 그의 발 아래에 복종하게 하시고
그를 만물 위에 교회의 머리로 삼으셨느니라
새번역 하나님께서는 만물을 그리스도의 발 아래 굴복시키시고,
그분을 만물 위에 교회의 머리로 삼으셨습니다.

에베소서 1:23   교회는 그의 몸이니
만물 안에서 만물을 충만하게 하시는 이의 충만함이니라
새번역 교회는 그리스도의 몸이요,
만물 안에서 만물을 충만케 하시는 분의 충만함입니다.

에베소서 2:17   또 오셔서 먼 데 있는 너희에게 평안을 전하시고
가까운 데 있는 자들에게 평안을 전하셨으니
새번역 그분은 오셔서 멀리 떨어져 있는 여러분에게 평화를 전하셨으며,
가까이 있는 사람들에게도 평화를 전하셨습니다.

갈라디아서 6:7

_____

_____

_____

에베소서 1:22

_____

_____

에베소서 1:23

_____

_____

에베소서 2:17

_____

_____

_____

에베소서 2:18　　　이는 그로 말미암아 우리 둘이 한 성령 안에서
아버지께 나아감을 얻게 하려 하심이라

새번역 이방 사람과 유대 사람 양쪽 모두, 그리스도를 통하여
한 성령 안에서 아버지께 나아가게 되었습니다.

에베소서 2:20　　　너희는 사도들과 선지자들의 터 위에 세우심을 입은 자라
그리스도 예수께서 친히 모퉁잇돌이 되셨느니라

새번역 여러분은 사도들과 예언자들이 놓은 기초 위에 세워진 건물이며,
그리스도 예수가 그 모퉁잇돌이 되십니다.

에베소서 5:25　　　남편들아 아내 사랑하기를 그리스도께서 교회를 사랑하시고
그 교회를 위하여 자신을 주심같이 하라

새번역 남편 된 이 여러분, 아내를 사랑하기를 그리스도께서 교회를 사랑하셔서
교회를 위하여 자신을 내주심같이 하십시오.

✒ 묵상하기

에베소서는 신자가 받은 구원이 창세전부터 성부 하나님께서 기쁘신 뜻대로 계획하신 은혜로운 선물임을 강조합니다. 성자 하나님께서는 십자가에서의 구속으로 그 계획을 우리 안에서 완전히 성취하셨고, 성령 하나님께서는 그 구원을 우리에게 적용시키셔서 교회를 하나로 만드셨습니다. 그러므로 이제 신자들은 성령 안에서 화평을 추구하며 불화를 조장하는 마귀와 대항하여 싸우는 삶을 살아가야 합니다.

에베소서 2:18

에베소서 2:20

에베소서 5:25

에베소서 6:11   마귀의 간계를 능히 대적하기 위하여 하나님의 전신갑주를 입으라

새번역 악마의 간계에 맞설 수 있도록, 하나님이 주시는
온몸을 덮는 갑옷을 입으십시오.

에베소서 6:12   우리의 씨름은 혈과 육을 상대하는 것이 아니요
통치자들과 권세들과 이 어둠의 세상 주관자들과
하늘에 있는 악의 영들을 상대함이라

새번역 우리의 싸움은 인간을 적대자로 상대하는 것이 아니라, 통치자들과 권세자들과
이 어두운 세계의 지배자들과 하늘에 있는 악한 영들을 상대로 하는 것입니다.

빌립보서 1:21   이는 내게 사는 것이 그리스도니 죽는 것도 유익함이라

새번역 나에게는, 사는 것이 그리스도이시니, 죽는 것도 유익합니다.

빌립보서 2:5   너희 안에 이 마음을 품으라 곧 그리스도 예수의 마음이니

새번역 여러분 안에 이 마음을 품으십시오.
그것은 곧 그리스도 예수의 마음이기도 합니다.

에베소서 6:11

에베소서 6:12

빌립보서 1:21

빌립보서 2:5

빌립보서 2:10	하늘에 있는 자들과 땅에 있는 자들과 땅 아래에 있는 자들로 모든 무릎을 예수의 이름에 꿇게 하시고

새번역 그리하여 하늘과 땅 위와 땅 아래 있는 모든 것들이
예수의 이름 앞에 무릎을 꿇고,

빌립보서 3:10	내가 그리스도와 그 부활의 권능과 그 고난에 참여함을 알고자 하여 그의 죽으심을 본받아

새번역 내가 바라는 것은, 그리스도를 알고, 그분의 부활의 능력을 깨닫고,
그분의 고난에 동참하여, 그분의 죽으심을 본받는 것입니다.

빌립보서 3:11	어떻게 해서든지 죽은 자 가운데서 부활에 이르려 하노니

새번역 그리하여 나는 어떻게 해서든지,
죽은 사람들 가운데서 살아나는 부활에 이르고 싶습니다.

빌립보서 4:4	주 안에서 항상 기뻐하라 내가 다시 말하노니 기뻐하라

새번역 주님 안에서 항상 기뻐하십시오. 다시 말합니다. 기뻐하십시오.

묵상하기

사도 바울은 고난에 처한 빌립보 교회를 향해 그리스도로 인하여 기뻐하라고 격려하고 권면하고 있습니다. 나아가 그리스도를 본받아 살아가고 있는 바울 자신과 같이 그리스도를 본받아 달려가라고 요청합니다.

빌립보서 2:10

빌립보서 3:10

빌립보서 3:11

빌립보서 4:4

빌립보서 4:19   나의 하나님이 그리스도 예수 안에서 영광 가운데
그 풍성한 대로 너희 모든 쓸 것을 채우시리라
새번역 나의 하나님께서 자기의 풍성하심을 따라 그리스도 예수 안에 있는 영광으로
여러분에게 필요한 것을 모두 채워 주실 것입니다.

골로새서 1:18   그는 몸인 교회의 머리시라 그가 근본이시요 죽은 자들 가운데서
먼저 나신 이시니 이는 친히 만물의 으뜸이 되려 하심이요
새번역 그분은 교회라는 몸의 머리이십니다. 그는 근원이시며,
죽은 사람들 가운데서 제일 먼저 살아나신 분이십니다.
이는 그분이 만물 가운데서 으뜸이 되시기 위함입니다.

골로새서 2:9   그 안에는 신성의 모든 충만이 육체로 거하시고
새번역 그리스도 안에 온갖 충만한 신성이 몸이 되어 머물고 계십니다.

골로새서 2:10   너희도 그 안에서 충만하여졌으니
그는 모든 통치자와 권세의 머리시라
새번역 여러분도 그분 안에서 충만함을 받았습니다.
그리스도는 모든 통치와 권세의 머리이십니다.

빌립보서 4:19

골로새서 1:18

골로새서 2:9

골로새서 2:10

골로새서 2:18　　아무도 꾸며낸 겸손과 천사 숭배를 이유로
너희를 정죄하지 못하게 하라 그가 그 본 것에 의지하여
그 육신의 생각을 따라 헛되이 과장하고

새번역 아무도 겸손과 천사 숭배를 주장하면서 여러분을
비방하지 못하게 하십시오. 그런 자는 자기가 본 환상에 도취되어 있고,
육신의 생각으로 터무니없이 교만을 부립니다.

골로새서 3:11　　거기에는 헬라인이나 유대인이나 할례파나 무할례파나
야만인이나 스구디아인이나 종이나 자유인이 차별이 있을 수 없나니
오직 그리스도는 만유시요 만유 안에 계시니라

새번역 거기에는 그리스인과 유대인도, 할례 받은 자와 할례받지 않은 자도,
야만인도 스구디아인도, 종도 자유인도 없습니다.
오직 그리스도만이 모든 것이며, 모든 것 안에 계십니다.

골로새서 3:17　　또 무엇을 하든지 말에나 일에나 다 주 예수의 이름으로 하고
그를 힘입어 하나님 아버지께 감사하라

새번역 그리고 말이든 행동이든 무엇을 하든지, 모든 것을 주 예수의 이름으로 하고,
그분에게서 힘을 얻어서, 하나님 아버지께 감사를 드리십시오.

묵상하기

골로새에 복음이 전해져 교회가 세워진 것에 바울은 크게 기뻐합니다. 그러나 이제 막 시작
된 교회에 이단의 거짓 가르침이 있다는 소식을 듣고 복음의 진리에 굳게 서기를 소망하며
골로새 교회에 편지를 씁니다.
골로새서를 통해 교회의 머리되신 그리스도께서 만물보다 먼저 계신 분이며 하나님과 우리
를 화목하게 하신 분임을 고백합니다. 그리고 그리스도 안에서만 우리가 충만하게 된다는
사실을 기억하고 다른 헛된 가르침에 속지 말고 조심하라고 경고합니다.

골로새서 2:18

골로새서 3:11

골로새서 3:17

데살로니가전서 2:13　이러므로 우리가 하나님께 끊임없이 감사함은

너희가 우리에게 들은 바 하나님의 말씀을 받을 때에 사람의 말로

받지 아니하고 하나님의 말씀으로 받음이니 진실로 그러하도다

이 말씀이 또한 너희 믿는 자 가운데에서 역사하느니라

　　새번역 우리가 하나님께 끊임없이 감사하는 것은, 여러분이 우리에게서

하나님의 말씀을 받을 때에, 사람의 말로 받아들이지 아니하고, 실제 그대로,

하나님의 말씀으로 받아들였기 때문입니다. 이 하나님의 말씀은 또한,

신도 여러분 가운데서 살아 움직이고 있습니다.

데살로니가전서 3:12　또 주께서 우리가 너희를 사랑함과 같이 너희도

피차간과 모든 사람에 대한 사랑이 더욱 많아 넘치게 하사

　　새번역 또, 우리가 여러분을 사랑하는 것과 같이, 주님께서

여러분끼리 서로 나누는 사랑과 모든 사람에게 베푸는

여러분의 사랑을 풍성하게 하고, 넘치게 해 주시기를 빕니다.

묵상하기

바울의 짧은 방문기간 동안 회심한 데살로니가 성도들은 목회자가 없는 상황 속에서도 신앙을 잘 지키고 있었습니다. 바울은 데살로니가전서를 통해 이들을 격려하고 또한 이들에게 부족한 몇 가지 문제에 대해 답합니다. 먼저 고난 가운데 신앙을 지켜내고 있는 데살로니가 성도들에게 격려와 감사를 전합니다. 그런 뒤 데살로니가전서의 주제라고 할 수 있는 그리스도의 재림과 부활에 대해 강조합니다. 재림을 소망하는 그리스도인으로서 거룩한 삶을 살도록 하는 한편 음란을 버리고 오늘의 삶을 충실히 살도록 권면하고 있습니다.

데살로니가전서 2:13

_____

_____

_____

_____

_____

_____

데살로니가전서 3:12

_____

_____

_____

데살로니가전서 3:13 너희 마음을 굳건하게 하시고 우리 주 예수께서

그의 모든 성도와 함께 강림하실 때에 하나님 우리 아버지 앞에서

거룩함에 흠이 없게 하시기를 원하노라

새번역 그래서 주님께서 여러분의 마음을 굳세게 하셔서,

우리 주 예수께서 자기의 모든 성도들과 함께 오실 때에,

하나님 우리 아버지 앞에서 거룩함에 흠 잡힐 데가 없게 해 주시기를 빕니다.

데살로니가전서 5:2 주의 날이 밤에 도둑같이 이를 줄을

너희 자신이 자세히 알기 때문이라

새번역 주님의 날이 밤에 도둑처럼 온다는 것을, 여러분은 자세히 알고 있습니다.

데살로니가전서 5:23 평강의 하나님이 친히 너희를 온전히 거룩하게 하시고

또 너희의 온 영과 혼과 몸이 우리 주 예수 그리스도께서

강림하실 때에 흠 없게 보전되기를 원하노라

새번역 평화의 하나님께서 친히, 여러분을 완전히 거룩하게 해 주시고,

우리 주 예수 그리스도께서 오실 때에 여러분의 영과 혼과 몸을

흠이 없이 완전하게 지켜 주시기를 빕니다.

데살로니가전서 3:13

데살로니가전서 5:2

데살로니가전서 5:23

데살로니가후서 2:1　형제들아 우리가 너희에게 구하는 것은 우리 주 예수
그리스도의 강림하심과 우리가 그 앞에 모임에 관하여

새번역 형제자매 여러분, 우리 주 예수 그리스도께서 다시 오시는 일과
우리가 그분 앞에 모이는 일을 두고 여러분에게 간청합니다.

데살로니가후서 2:2　영으로나 또는 말로나 또는 우리에게서 받았다 하는 편지로나
주의 날이 이르렀다고 해서 쉽게 마음이
흔들리거나 두려워하거나 하지 말아야 한다는 것이라

새번역 여러분은, 영이나 말이나 우리에게서 받았다고 하는 편지에 속아서,
주님의 날이 벌써 왔다고 생각하게 되어, 마음이 쉽게 흔들리거나
당황하는 일이 없도록 하십시오.

데살로니가후서 2:13　주께서 사랑하시는 형제들아 우리가 항상 너희에 관하여
마땅히 하나님께 감사할 것은 하나님이 처음부터 너희를 택하사
성령의 거룩하게 하심과 진리를 믿음으로 구원을 받게 하심이니

새번역 주님의 사랑을 받는 형제자매 여러분, 우리는 여러분의 일로
언제나 하나님께 감사하지 않을 수 없습니다. 하나님께서는 여러분을
성령으로 거룩하게 하시고, 진리를 믿게 하여 구원에 이르게 하시려고,
처음부터 여러분을 택하여 주셨기 때문입니다.

데살로니가후서 2:1

데살로니가후서 2:2

데살로니가후서 2:13

데살로니가후서 2:15　그러므로 형제들아 굳건하게 서서
말로나 우리의 편지로 가르침을 받은 전통을 지키라

새번역 그러므로 형제자매 여러분, 든든히 서서,
우리의 말이나 편지로 배운 전통을 굳게 지키십시오.

데살로니가후서 3:3　주는 미쁘사 너희를 굳건하게 하시고 악한 자에게서 지키시리라

새번역 그러나 주님께서는 신실하신 분이시므로,
여러분을 굳세게 하시고, 악한 자에게서 지켜 주십니다.

데살로니가후서 3:10　우리가 너희와 함께 있을 때에도 너희에게 명하기를
누구든지 일하기 싫어하거든 먹지도 말게 하라 하였더니

새번역 우리가 여러분과 함께 있을 때에 "일하기를 싫어하는 사람은
먹지도 말라" 하고 거듭 명하였습니다.

✒ 묵상하기

데살로니가후서는 여전히 고난 가운데 있는 성도들을 격려하는 한편 여전히 그리스도의 재
림에 대한 잘못된 말들에 현혹되어 있는 데살로니가 교회를 향해 경고하고 있습니다. 특별
히 바울 자신의 이름을 빙자한 재림이 임했다는 편지는 교회를 혼란에 빠지게 했습니다. 그
래서 바울은 재림 앞에 있을 일(배교와 불법의 사람이 나타남)을 예고하고, 여전히 그리스도를 믿
는다 하면서 게으른 자에게 엄중히 경고합니다.

데살로니가후서 2:15

_____

_____

_____

데살로니가후서 3:3

_____

_____

데살로니가후서 3:10

_____

_____

_____

데살로니가후서 3:13   형제들아 너희는 선을 행하다가 낙심하지 말라
　　　　　　　　새번역 형제자매 여러분, 선한 일을 하다가 낙심하지 마십시오.

디모데전서 3:15   만일 내가 지체하면 너로 하여금 하나님의 집에서
　　　　　　　　어떻게 행하여야 할지를 알게 하려 함이니
　　　　　　　　이 집은 살아 계신 하나님의 교회요 진리의 기둥과 터니라
　　　　　　　　새번역 만일 내가 늦어지더라도, 하나님의 가족 가운데서
　　　　　　　　사람이 어떻게 처신해야 하는지를 그대가 알게 하려는 것입니다.
　　　　　　　　이 가족은 살아 계신 하나님의 교회요, 진리의 기둥과 터입니다.

디모데전서 4:16   네가 네 자신과 가르침을 살펴 이 일을 계속하라
　　　　　　　　이것을 행함으로 네 자신과 네게 듣는 자를 구원하리라
　　　　　　　　새번역 그대 자신과 그대의 가르침을 살피십시오. 이런 일을 계속하십시오.
　　　　　　　　이렇게 함으로써, 그대 자신도 구원하고,
　　　　　　　　그대의 말을 듣는 사람들도 구원할 것입니다.

묵상하기

디모데서는 사도 바울이 영적 아들 디모데에게 목회의 지침과 방향을 제시하는 목회서신입니다. 디모데로 하여금 '거짓 교훈'을 전하는 자들에게서 교회를 보호하고 돌보도록 하기 위함입니다.
자신의 동역자이자 영적 아들 디모데를 에베소 교회에 남겨두고 온 바울은 디모데의 목회 사역을 격려하고 에베소 교회 문제에 대해 교훈을 주고 있습니다. 바울은 그리스도인이라면 진리에 합당한 삶, 경건한 삶을 살게 된다는 것을 강조합니다.

데살로니가후서 3:13

디모데전서 3:15

디모데전서 4:16

디모데전서 6:10 　돈을 사랑함이 일만 악의 뿌리가 되나니 이것을 탐내는 자들은
미혹을 받아 믿음에서 떠나 많은 근심으로써 자기를 찔렀도다

새번역 돈을 사랑하는 것이 모든 악의 뿌리입니다. 돈을 좇다가, 믿음에서 떠나
헤매기도 하고, 많은 고통을 겪기도 한 사람이 더러 있습니다.

디모데후서 1:8 　그러므로 너는 내가 우리 주를 증언함과 또는 주를 위하여
간힌 자 된 나를 부끄러워하지 말고 오직 하나님의 능력을 따라
복음과 함께 고난을 받으라

새번역 그러므로 그대는 우리 주님에 대하여 증언하는 일이나
주님을 위하여 간힌 몸이 된 나를 부끄러워하지 말고,
하나님의 능력을 힘입어 복음을 위하여 고난을 함께 겪으십시오.

디모데후서 2:15 　너는 진리의 말씀을 옳게 분별하며 부끄러울 것이 없는
일꾼으로 인정된 자로 자신을 하나님 앞에 드리기를 힘쓰라

새번역 그대는 진리의 말씀을 올바르게 가르치는 부끄러울 것 없는 일꾼으로
하나님께 인정을 받는 사람이 되기를 힘쓰십시오.

 묵상하기

디모데후서는 바울이 쓴 마지막 서신입니다. 자신이 겪은 고난을 회고하며 복음 안에서 고
난에 대해 인내하고 그리스도 안에서 끝까지 충성하라는 위로와 권면을 전하고 있습니다.
마지막으로 아직 해결되지 않은 거짓 가르침의 문제를 해결하도록 교훈합니다.

218

디모데전서 6:10

_____

_____

_____

디모데후서 1:8

_____

_____

_____

디모데후서 2:15

_____

_____

_____

디모데후서 4:5 그러나 너는 모든 일에 신중하여 고난을 받으며
전도자의 일을 하며 네 직무를 다하라
새번역 그러나 그대는 모든 일에 정신을 차려서 고난을 참으며,
전도자의 일을 하며, 그대의 직무를 완수하십시오.

디모데후서 4:7 나는 선한 싸움을 싸우고 나의 달려갈 길을 마치고 믿음을 지켰으니
새번역 나는 선한 싸움을 다 싸우고, 달려갈 길을 마치고, 믿음을 지켰습니다.

디도서 1:5 내가 너를 그레데에 남겨 둔 이유는 남은 일을 정리하고
내가 명한 대로 각 성에 장로들을 세우게 하려 함이니
새번역 내가 그대를 크레타에 남겨둔 것은, 남은 일들을 정리하고,
내가 지시한 대로, 성읍마다 장로들을 세우게 하려는 것입니다.

디도서 2:1 오직 너는 바른 교훈에 합당한 것을 말하여
새번역 그대는 건전한 교훈에 맞는 말을 하십시오.

디모데후서 4:5

디모데후서 4:7

디도서 1:5

디도서 2:1

디도서 2:7	범사에 네 자신이 선한 일의 본을 보이며 교훈에 부패하지 아니함과 단정함과

^{새번역} 그대는 모든 일에 선한 행실의 모범이 되십시오.
가르치는 일에 순수하고 위엄 있는 태도를 보여야 합니다.

디도서 2:8	책망할 것이 없는 바른 말을 하게 하라 이는 대적하는 자로 하여금 부끄러워 우리를 악하다 할 것이 없게 하려 함이라

^{새번역} 책잡힐 데가 없는 건전한 말을 하십시오. 그리하면 반대자도
우리를 걸어서 나쁘게 말할 것이 없으므로 부끄러움을 당할 것입니다.

디도서 3:14	또 우리 사람들도 열매 없는 자가 되지 않게 하기 위하여 필요한 것을 준비하는 좋은 일에 힘 쓰기를 배우게 하라

^{새번역} 우리의 교우들도, 절실히 필요한 것을 마련하여 줄 수 있도록,
좋은 일을 하는 데에 전념하는 것을 배워야 합니다.
그래야 그들은 열매를 맺지 못하는 사람이 되지 않을 것입니다.

✎ 묵상하기

디도서는 사도 바울이 그레데에 세워진 교회의 목회자 디도에게 쓴 편지(목회서신)입니다. 바른 신앙은 바른 선행으로 이끈다는 신앙의 기초를 강조하고 거짓 선생을 주의하라고 권면하고 있습니다.
디도서는 거짓 선생에 대한 경고나 장로의 자격에 대한 내용, 그리스도인의 거룩한 삶을 강조하는 부분이 디모데전서와 상당히 비슷합니다.

디도서 2:7

_____

_____

_____

디도서 2:8

_____

_____

_____

_____

디도서 3:14

_____

_____

_____

_____

빌레몬서 1:10   **갇힌 중에서 낳은 아들 오네시모를 위하여 네게 간구하노라**

새번역 내가 갇혀 있는 동안에 얻은 아들 오네시모를 두고 그대에게 간청합니다.

빌레몬서 1:16   **이후로는 종과 같이 대하지 아니하고 종 이상으로**
곧 사랑 받는 형제로 둘 자라 내게 특별히 그러하거든
하물며 육신과 주 안에서 상관된 네게랴

새번역 이제부터는 그는 종으로서가 아니라, 종 이상으로 곧 사랑 받는 형제로
그대의 곁에 있을 것입니다. 특히 그가 나에게 그러하다면, 그대에게는
육신으로나 주님 안에서나 더욱 그러하지 않겠습니까?

히브리서 2:9   **오직 우리가 천사들보다 잠시 동안 못하게 하심을 입은 자**
곧 죽음의 고난 받으심으로 말미암아 영광과 존귀로 관을 쓰신
예수를 보니 이를 행하심은 하나님의 은혜로 말미암아
모든 사람을 위하여 죽음을 맛보려 하심이라

새번역 예수께서 다만 잠시 동안 천사들보다 낮아지셔서, 죽음의 고난을
당하심으로써, 영광과 존귀의 면류관을 받아쓰신 것을, 우리가 봅니다.
그는 하나님의 은혜로 모든 사람을 위하여 죽음을 맛보셔야 했습니다.

🖋 묵상하기

바울은 주인인 빌레몬에게서 도망한 노예 '오네시모'를 로마에서 만나 그에게 복음을 전했습니다. 회심한 오네시모는 바울을 섬기다가 이제 주인에게 돌아가려 합니다. 이에 바울은 오네시모를 용서해줄 것을 신앙의 동료이자 오네시모의 주인이었던 '빌레몬'에게 부탁하는 편지, 빌레몬서를 씁니다. 이 부탁은 사도의 권위로 명령하는 것이 아닌 믿음을 바탕으로 한 사랑에 근거한 것이었습니다.

빌레몬서 1:10

빌레몬서 1:16

히브리서 2:9

히브리서 4:14 　그러므로 우리에게 큰 대제사장이 계시니 승천하신 이 곧
하나님의 아들 예수시라 우리가 믿는 도리를 굳게 잡을지어다

새번역 그러나 우리에게는 하늘에 올라가신 위대한 대제사장이신
하나님의 아들 예수가 계십니다. 그러므로 우리의 신앙 고백을 굳게 지킵시다.

히브리서 11:1 　믿음은 바라는 것들의 실상이요 보이지 않는 것들의 증거니

새번역 믿음은 바라는 것들의 확신이요, 보이지 않는 것들의 증거입니다.

히브리서 11:2 　선진들이 이로써 증거를 얻었느니라

새번역 선조들은 이 믿음으로 살았기 때문에 훌륭한 사람으로 증언되었습니다.

히브리서 12:1 　이러므로 우리에게 구름같이 둘러싼 허다한 증인들이 있으니
모든 무거운 것과 얽매이기 쉬운 죄를 벗어 버리고
인내로써 우리 앞에 당한 경주를 하며

새번역 그러므로 이렇게 구름 떼와 같이 수많은 증인이 우리를 둘러싸고 있으니,
우리도 갖가지 무거운 짐과 얽매는 죄를 벗어버리고, 우리 앞에 놓인
달음질을 참으면서 달려갑시다.

히브리서 4:14

히브리서 11:1

히브리서 11:2

히브리서 12:1

히브리서 12:2　　믿음의 주요 또 온전하게 하시는 이인 예수를 바라보자
그는 그 앞에 있는 기쁨을 위하여 십자가를 참으사
부끄러움을 개의치 아니하시더니 하나님 보좌 우편에 앉으셨느니라

새번역 믿음의 창시자요 완성자이신 예수를 바라봅시다. 그는 자기 앞에 놓여 있는
기쁨을 내다보고서, 부끄러움을 마음에 두지 않으시고, 십자가를 참으셨습니다.
그리하여 그는 하나님의 보좌 오른쪽에 앉으셨습니다.

히브리서 13:8　　예수 그리스도는 어제나 오늘이나 영원토록 동일하시니라

새번역 예수 그리스도께서는 어제나 오늘이나 영원히 한결같은 분이십니다.

야고보서 1:19　　내 사랑하는 형제들아 너희가 알지니 사람마다 듣기는 속히 하고
말하기는 더디 하며 성내기도 더디 하라

새번역 사랑하는 형제자매 여러분, 여러분은 이것을 알아두십시오.
누구든지 듣기는 빨리 하고, 말하기는 더디 하고, 노하기도 더디 하십시오.

🖋 묵상하기

히브리서 기록자는 예수 그리스도께서 그 어떤 존재(천사, 모세, 아론 등)보다 위대한 하나님의
아들이며, 구약 율법의 완성자라고 증언합니다. 또한 예수님은 멜기세덱의 반차를 따라 위
대한 대제사장이 되신 분으로서 스스로를 완전한 희생제물로 드린 분이라고 논증합니다. 이
제사는 '단번에 드린 영원한 제사'이기에 다시는 죄를 사하기 위한 제사가 필요하지 않다고
설명하고 있습니다. 따라서 신자들은 모든 얽매게 하는 율법의 의식들과 장소에서 해방되
어, 자유와 기쁨으로 하나님을 예배하며 살 수 있게 되었습니다.

히브리서 12:2

히브리서 13:8

야고보서 1:19

야고보서 1:22　너희는 말씀을 행하는 자가 되고
　　　　　　　듣기만 하여 자신을 속이는 자가 되지 말라
　　　　　　　새번역 말씀을 행하는 사람이 되십시오.
　　　　　　　그저 듣기만 하여 자신을 속이는 사람이 되지 마십시오.

야고보서 2:18　어떤 사람은 말하기를 너는 믿음이 있고
　　　　　　　나는 행함이 있으니 행함이 없는 네 믿음을 내게 보이라
　　　　　　　나는 행함으로 내 믿음을 네게 보이리라 하리라
　　　　　　　새번역 어떤 사람은 이렇게 말할 것입니다. "너에게는 믿음이 있고,
　　　　　　　나에게는 행함이 있다. 행함이 없는 너의 믿음을 나에게 보여라.
　　　　　　　그리하면 나는 행함으로 나의 믿음을 너에게 보이겠다."

야고보서 2:20　아아 허탄한 사람아 행함이 없는 믿음이 헛것인 줄을 알고자 하느냐
　　　　　　　새번역 아, 어리석은 사람이여, 그대는 행함이 없는 믿음은
　　　　　　　쓸모가 없다는 것을 알고 싶습니까?

🖋 묵상하기
──

신약의 잠언이라고 불리는 야고보서는 믿음은 들음에서 출발하여 행함으로 이어짐을 강조하는 동시에, 행동하는 믿음을 위해 실제적인 지침들을 제시하여 바른 신앙을 회복하라고 권면하는 야고보의 편지입니다.
또한 야고보서는 부와 가난으로 인한 차별과 구제에 대한 문제, 혀(말)의 문제, 시험과 유혹의 문제에 대한 가르침을 통해 믿음의 중요성을 강조합니다. 이런 가르침은 대부분 예수님의 말씀을 인용하여 설명하고 있습니다(마태복음의 산상수훈과 누가복음의 평지수훈).

야고보서 1:22

_____

_____

야고보서 2:18

_____

_____

_____

_____

야고보서 2:20

_____

_____

야고보서 2:26　영혼 없는 몸이 죽은 것같이 행함이 없는 믿음은 죽은 것이니라

새번역 영혼이 없는 몸이 죽은 것과 같이, 행함이 없는 믿음은 죽은 것입니다.

야고보서 4:7　그런즉 너희는 하나님께 복종할지어다
마귀를 대적하라 그리하면 너희를 피하리라

새번역 그러므로 하나님께 복종하고, 악마를 물리치십시오.
그리하면 악마는 달아날 것입니다.

야고보서 4:8　하나님을 가까이하라 그리하면 너희를 가까이하시리라 죄인들아
손을 깨끗이 하라 두 마음을 품은 자들아 마음을 성결하게 하라

새번역 하나님께로 가까이 가십시오. 그리하면 하나님께서
가까이 오실 것입니다. 죄인들이여, 손을 깨끗이 하십시오.
두 마음을 품은 사람들이여, 마음을 순결하게 하십시오.

베드로전서 1:7　너희 믿음의 확실함은 불로 연단하여도
없어질 금보다 더 귀하여 예수 그리스도께서 나타나실 때에
칭찬과 영광과 존귀를 얻게 할 것이니라

새번역 하나님께서는 여러분의 믿음을 단련하셔서, 불로 단련하지만
결국 없어지고 마는 금보다 더 귀한 것이 되게 하시며, 예수 그리스도께서
나타나실 때에 여러분에게 칭찬과 영광과 존귀를 얻게 해 주십니다.

야고보서 2:26

_____

_____

야고보서 4:7

_____

_____

야고보서 4:8

_____

_____

_____

베드로전서 1:7

_____

_____

_____

베드로전서 2:9　그러나 너희는 택하신 족속이요 왕 같은 제사장들이요
거룩한 나라요 그의 소유가 된 백성이니 이는 너희를
어두운 데서 불러 내어 그의 기이한 빛에 들어가게 하신 이의
아름다운 덕을 선포하게 하려 하심이라

새번역 그러나 여러분은 택하심을 받은 족속이요, 왕과 같은 제사장들이요, 거룩한
민족이요, 하나님의 소유가 된 백성입니다. 그래서 여러분을 어둠에서 불러내어
자기의 놀라운 빛 가운데로 인도하신 분의 업적을, 여러분이 선포하는 것입니다.

베드로전서 3:9　악을 악으로, 욕을 욕으로 갚지 말고 도리어 복을 빌라 이를 위하여
너희가 부르심을 받았으니 이는 복을 이어받게 하려 하심이라

새번역 악을 악으로 갚거나 모욕을 모욕으로 갚지 말고, 복을 빌어 주십시오.
여러분으로 하여금 복을 상속받게 하시려고, 하나님께서 여러분을 부르셨습니다.

베드로전서 4:8　무엇보다도 뜨겁게 서로 사랑할지니 사랑은 허다한 죄를 덮느니라

새번역 무엇보다도 먼저 서로 뜨겁게 사랑하십시오. 사랑은 허다한 죄를 덮어 줍니다.

묵상하기

베드로는 고난 받는 성도들을 위로할 근거를 예수 그리스도에게서 찾습니다. 그리스도의 고
난은 성도들의 구원을 위한 것일 뿐만 아니라 현재 고난을 당하고 있는 성도들의 삶에 모범
이 되기 때문입니다. 하나님은 고난 가운데 있는 성도를 높이실 것입니다. 그리스도의 부활
은 이들이 이런 소망을 가질 수 있는 이유가 됩니다.
또한 하나님의 백성, 택하신 족속, 왕 같은 제사장, 거룩한 나라로 부르심 받은 성도들에게 이
제 부르심에 합당한 삶, 곧 거룩한 삶을 살도록 권면하고 있습니다.

베드로전서 2:9

베드로전서 3:9

베드로전서 4:8

베드로전서 4:13　오히려 너희가 그리스도의 고난에 참여하는 것으로 즐거워하라 이는
　　　　　　　그의 영광을 나타내실 때에 너희로 즐거워하고 기뻐하게 하려 함이라

새번역 그만큼 여러분은 그리스도의 고난에 동참하는 것이니, 기뻐하십시오.
그러면 그의 영광이 나타날 때에 여러분은 또한 기뻐 뛰며 즐거워하게 될 것입니다.

베드로전서 5:7　너희 염려를 다 주께 맡기라 이는 그가 너희를 돌보심이라

새번역 여러분의 걱정을 모두 하나님께 맡기십시오.
하나님께서는 여러분을 돌보고 계십니다.

베드로전서 5:10　모든 은혜의 하나님 곧 그리스도 안에서 너희를 부르사
　　　　　　　자기의 영원한 영광에 들어가게 하신 이가 잠깐 고난을 당한
　　　　　　　너희를 친히 온전하게 하시며 굳건하게 하시며
　　　　　　　강하게 하시며 터를 견고하게 하시리라

새번역 모든 은혜를 주시는 하나님, 곧 그리스도 안에서 여러분을 자기의 영원한
영광에 불러들이신 분께서, 잠시동안 고난을 받은 여러분을 친히 온전하게 하시고,
굳게 세워 주시고, 강하게 하시고, 기초를 튼튼하게 하여 주실 것입니다.

베드로전서 4:13

베드로전서 5:7

베드로전서 5:10

베드로후서 1:16   우리 주 예수 그리스도의 능력과 강림하심을
너희에게 알게 한 것이 교묘히 만든 이야기를 따른 것이 아니요
우리는 그의 크신 위엄을 친히 본 자라

새번역 우리가 여러분에게 우리 주 예수 그리스도의 권능과 재림을 알려 드린 것은,
교묘하게 꾸민 신화를 따라서 한 것이 아닙니다.
우리는 그의 위엄을 눈으로 본 사람들입니다.

베드로후서 3:8   사랑하는 자들아 주께는 하루가 천 년 같고
천 년이 하루 같다는 이 한 가지를 잊지 말라

새번역 사랑하는 여러분, 이 한 가지만은 잊지 마십시오.
주님께는 하루가 천 년 같고, 천 년이 하루 같습니다.

베드로후서 3:10   그러나 주의 날이 도둑같이 오리니 그 날에는
하늘이 큰 소리로 떠나가고 물질이 뜨거운 불에 풀어지고
땅과 그 중에 있는 모든 일이 드러나리로다

새번역 그러나 주님의 날은 도둑같이 올 것입니다.
그 날에 하늘은 요란한 소리를 내면서 사라지고, 원소들은 불에 녹아버리고,
땅과 그 안에 있는 모든 일은 드러날 것입니다.

베드로후서 1:16

베드로후서 3:8

베드로후서 3:10

베드로후서 3:14 　그러므로 사랑하는 자들아 너희가 이것을 바라보나니
　　　　　　　　주 앞에서 점도 없고 흠도 없이 평강 가운데서 나타나기를 힘쓰라

　　　　　　　새번역 사랑하는 여러분, 여러분이 이것을 기다리고 있으니, 티도 없고
　　　　　　　흠도 없는 사람으로, 아무 탈이 없이 하나님 앞에 나타날 수 있도록 힘쓰십시오.

베드로후서 3:17 　그러므로 사랑하는 자들아 너희가 이것을 미리 알았은즉
　　　　　　　　무법한 자들의 미혹에 이끌려 너희가 굳센 데서 떨어질까 삼가라

　　　　　　　새번역 그러므로 사랑하는 여러분, 여러분은 이 사실을 미리 알고,
　　　　　　　불의한 자들의 유혹에 휩쓸려서 자기의 확신을 잃는 일이 없도록 주의하십시오.

베드로후서 3:18 　오직 우리 주 곧 구주 예수 그리스도의 은혜와 그를 아는 지식에서
　　　　　　　　자라 가라 영광이 이제와 영원한 날까지 그에게 있을지어다

　　　　　　　새번역 우리의 주님이시며 구주이신 그리스도 예수에 대한 지식과 그의 은혜 안에서
　　　　　　　자라십시오. 이제도 영원한 날까지도 영광이 주님께 있기를 빕니다. [아멘.]

🖋 묵상하기

베드로후서는 그리스도인이 하나님의 백성다운 경건한 삶을 살아 영원한 나라를 준비해야
할 것을 권면하고 있습니다. 또한 그들을 미혹하는 거짓 교사의 불경건한 삶이 확실한 주의
재림을 통해 결국은 심판으로 끝날 것임을 경고합니다.
경건한 삶은 우리 안에 계신 성령님으로 말미암아 가능한 것입니다. 또한 하나님은 오래 참
으시는 분이지만 그 날은 도적과 같이 임할 것입니다.

베드로후서 3:14

베드로후서 3:17

베드로후서 3:18

요한일서 1:1 　태초부터 있는 생명의 말씀에 관하여는 우리가 들은 바요
　　　　　눈으로 본 바요 자세히 보고 우리의 손으로 만진 바라

새번역 이 글은 생명의 말씀에 관한 것입니다. 이 생명의 말씀은
태초부터 계신 것이요, 우리가 들은 것이요, 우리가 눈으로 본 것이요,
우리가 지켜본 것이요, 우리가 손으로 만져본 것입니다.

요한일서 1:3 　우리가 보고 들은 바를 너희에게도 전함은
　　　　　너희로 우리와 사귐이 있게 하려 함이니 우리의 사귐은
　　　　　아버지와 그의 아들 예수 그리스도와 더불어 누림이라

새번역 우리가 보고 들은 바를 여러분에게도 선포합니다.
우리는 여러분도 우리와 서로 사귐을 가지기를 바라는 것입니다.
우리의 사귐은 아버지와 또 그의 아들 예수 그리스도와 함께 하는 사귐입니다.

요한일서 1:7 　그가 빛 가운데 계신 것같이 우리도 빛 가운데 행하면
　　　　　우리가 서로 사귐이 있고 그 아들 예수의 피가
　　　　　우리를 모든 죄에서 깨끗하게 하실 것이요

새번역 그러나 하나님께서 빛 가운데 계신 것과 같이, 우리가 빛 가운데 살아가면,
우리는 서로 사귐을 가지게 되고, 하나님의 아들 예수의 피가
우리를 모든 죄에서 깨끗하게 해주십니다.

요한일서 1:1

요한일서 1:3

요한일서 1:7

요한일서 1:9 　만일 우리가 우리 죄를 자백하면 그는 미쁘시고 의로우사
　　　　　　　우리 죄를 사하시며 우리를 모든 불의에서 깨끗하게 하실 것이요

　　　　　　　새번역 우리가 우리 죄를 자백하면, 하나님은 신실하시고 의로우신 분이셔서,
　　　　　　　우리 죄를 용서하시고, 모든 불의에서 우리를 깨끗하게 해주실 것입니다.

요한일서 2:29 　너희가 그가 의로우신 줄을 알면
　　　　　　　의를 행하는 자마다 그에게서 난 줄을 알리라

　　　　　　　새번역 여러분이 하나님께서 의로우신 분임을 알면,
　　　　　　　의를 행하는 사람은 누구나 다 하나님에게서 났음을 알 것입니다.

요한일서 5:3 　하나님을 사랑하는 것은 이것이니 우리가
　　　　　　　그의 계명들을 지키는 것이라 그의 계명들은 무거운 것이 아니로다

　　　　　　　새번역 하나님을 사랑하는 것은 그 계명을 지키는 것입니다.
　　　　　　　하나님의 계명은 무거운 짐이 아닙니다.

✎ 묵상하기

요한은 자신이 직접 경험한 예수 그리스도에 대해 가르침으로써 '우리'와 '너희' 사이에 참 기쁨이 있기를 원하며 이 편지(요한일서)를 쓰고 있습니다. 그가 가르치는 것은 크게 세 가지입니다. 첫째, 예수께서 하나님의 아들이신 그리스도임을 부인하는 자들이 곧 적그리스도이며, 예수 그리스도에 대한 바른 신앙을 가지고 적그리스도와 미혹의 영을 분별해야 한다는 것. 둘째, 하나님은 사랑이시기에 우리도 서로 사랑해야 한다는 것. 셋째, 빛이신 하나님을 따라 우리도 죄를 멀리하며 의롭게 살아야 한다는 것. 이런 신앙과 삶을 가지게 될 때 우리는 영생을 소유한 자임을 확신하게 될 것입니다.

요한일서 1:9

_____

_____

_____

요한일서 2:29

_____

_____

요한일서 5:3

_____

_____

_____

요한이서 1:2   우리 안에 거하여 영원히 우리와 함께 할 진리로 말미암음이로다
         새번역 그것은 지금 우리 속에 있고, 또 영원히 우리와 함께 할 그 진리 때문입니다.

요한이서 1:5   부녀여, 내가 이제 네게 구하노니 서로 사랑하자 이는 새 계명같이
         네게 쓰는 것이 아니요 처음부터 우리가 가진 것이라
         새번역 자매여, 지금 내가 그대에게 간청하는 것은, 우리 모두가 서로
         사랑하자는 것입니다. 그렇지만 내가 새 계명을 써 보내는 것이 아니라,
         우리가 처음부터 가지고 있는 계명을 써 보내는 것입니다.

요한이서 1:6   또 사랑은 이것이니 우리가 그 계명을 따라 행하는 것이요
         계명은 이것이니 너희가 처음부터 들은 바와 같이
         그 가운데서 행하라 하심이라
         새번역 사랑은 다름이 아니라 하나님의 계명을 따라 사는 것입니다.
         계명은 다름이 아니라, 여러분이 처음부터 들은 대로,
         사랑 안에서 살아가야 한다는 것입니다.

묵상하기

요한이서는 예수님의 성육신을 부인하는 거짓 교사들을 주의하며 진리 안에서 바른 교훈을
좇아 행동할 것을 요구하는 사도 요한의 두 번째 편지입니다.
이 짧은 서신은 예수님의 성육신을 부인하는 적그리스도, 곧 미혹하는 자들을 잘 분별하여
받아들이지 말라고 충고합니다. 왜냐하면 이런 자들을 순회전도자로 잘못 판단하여 집에 초
대하고 대접한다면 그들의 악한 일에 참여하는 것이 되기 때문입니다. 이렇게 진리를 잘 분
별함과 더불어 진리로 행함, 곧 사랑을 행하라고 권면합니다. 사랑하는 것이 곧 주의 계명을
따라 행하는 것이기 때문입니다.

요한이서 1:2

_____

_____

요한이서 1:5

_____

_____

_____

요한이서 1:6

_____

_____

_____

요한이서 1:10　누구든지 이 교훈을 가지지 않고 너희에게 나아가거든
그를 집에 들이지도 말고 인사도 하지 말라

새번역 누가 여러분을 찾아가서 이 가르침을 전하지 않으면,
그 사람을 집에 받아들이지도 말고, 인사도 하지 마십시오.

요한삼서 1:4　내가 내 자녀들이 진리 안에서 행한다 함을
듣는 것보다 더 기쁜 일이 없도다

새번역 내 자녀들이 진리 안에서 살아가고 있다는 소식을
듣는 것보다 더 기쁜 일이 나에게는 없습니다.

요한삼서 1:5　사랑하는 자여 네가 무엇이든지 형제 곧 나그네 된 자들에게
행하는 것은 신실한 일이니

새번역 사랑하는 이여, 그대가 신도들을, 더욱이 낯선 신도들을
섬기는 일은 무엇이나 충성스럽게 하고 있습니다.

 묵상하기

사도 요한의 세 번째 편지는 순회전도자를 잘 대접한 가이오에 대한 칭찬으로 시작하고 있습니다. 이어서 디오드레베에 대해 책망하고, 순회전도자로 방문하게 될 데메드리오에 대해 부탁하고 있습니다. 요한삼서는 헬라어로 25단어밖에 안 되는 신약성경 중 가장 짧은 서신이지만 손님 대접에 대한 중요성을 잘 보여줍니다. 또 진리를 사랑하는 자는 진리 안에서 행한다는 사실을 보여주고 있습니다.

요한이서 1:10

요한삼서 1:4

요한삼서 1:5

요한삼서 1:8   그러므로 우리가 이 같은 자들을 영접하는 것이 마땅하니
이는 우리로 진리를 위하여 함께 일하는 자가 되게 하려 함이라

새번역 그러므로 우리는 그런 사람들을 돌보아주어야 마땅합니다.
그래야만 우리가 진리에 협력하는 사람이 될 것입니다.

요한삼서 1:11   사랑하는 자여 악한 것을 본받지 말고 선한 것을 본받으라
선을 행하는 자는 하나님께 속하고 악을 행하는 자는
하나님을 뵈옵지 못하였느니라

새번역 사랑하는 이여, 악한 것을 본받지 말고, 선한 것을 본받으십시오.
선한 일을 하는 사람은 하나님에게서 난 사람이고,
악한 일을 하는 사람은 하나님을 뵙지 못한 사람입니다.

유다서 1:3   사랑하는 자들아 우리가 일반으로 받은 구원에 관하여 내가 너희에게
편지하려는 생각이 간절하던 차에 성도에게 단번에 주신 믿음의 도를
위하여 힘써 싸우라는 편지로 너희를 권하여야 할 필요를 느꼈노니

새번역 사랑하는 여러분, 나는 여러분에게 우리가 함께 가진 구원에 관해서
편지를 써 보내려고 여러 가지로 애쓰고 있었습니다.
그러던 참에 나는 이제 여러분에게 성도들이 단번에 받은 그 믿음을
지키기 위하여 싸우라고 권하는 편지를 당장 써야 할 필요가 생겼습니다.

요한삼서 1:8

요한삼서 1:11

유다서 1:3

유다서 1:20　　사랑하는 자들아 너희는 너희의 지극히 거룩한 믿음 위에
　　　　　　　자신을 세우며 성령으로 기도하며

　　　　　　　새번역 그러나 사랑하는 여러분, 여러분은 가장 거룩한 여러분의 믿음을
　　　　　　　터로 삼아서 자기를 건축하고, 성령으로 기도하십시오.

유다서 1:21　　하나님의 사랑 안에서 자신을 지키며 영생에 이르도록
　　　　　　　우리 주 예수 그리스도의 긍휼을 기다리라

　　　　　　　새번역 하나님의 사랑 안에 머무르면서 자기를 지키고,
　　　　　　　영생으로 인도하는 우리 주 예수 그리스도의 자비를 기다리십시오.

유다서 1:24　　능히 너희를 보호하사 거침이 없게 하시고
　　　　　　　너희로 그 영광 앞에 흠이 없이 기쁨으로 서게 하실 이

　　　　　　　새번역 여러분을 넘어지지 않게 지켜 주시고, 여러분을 흠이 없는 사람으로
　　　　　　　자기의 영광 앞에 기쁘게 나서게 하실 능력을 가지신 분,

묵상하기

유다서의 기록자는 유다서에서 거짓 교사들의 가르침을 폭로하고 이들에게 심판이 반드시
임한다고 경고하며, 성도들로 하여금 예수 그리스도에 대한 믿음을 끝까지 지키며 선한 싸
움을 싸우도록 권면하고 있습니다.

유다는 처음에 "일반으로 받은 구원에 관하여" 쓸 생각이었습니다. 하지만 "가만히 들어온
사람 몇" 즉 몰래 잠입한 이단에 대한 소식을 듣고 "성도에게 단번에 주신 믿음의 도를 위하
여 힘써 싸우라"(유 1:3)는 내용의 편지를 쓰게 되었습니다.

유다서 1:20

유다서 1:21

유다서 1:24

유다서 1:25 곧 우리 구주 홀로 하나이신 하나님께 우리 주 예수 그리스도로
말미암아 영광과 위엄과 권력과 권세가 영원 전부터
이제와 영원토록 있을지어다 아멘

새번역 곧 우리의 구주이시며 오직 한 분이신 하나님께 영광과
위엄과 주권과 권세가 우리 주 예수 그리스도로 말미암아
영원 전에와 이제와 영원까지 있기를 빕니다. 아멘.

요한계시록 1:8 주 하나님이 이르시되 나는 알파와 오메가라 이제도 있고
전에도 있었고 장차 올 자요 전능한 자라 하시더라

새번역 지금도 계시고 전에도 계셨고 앞으로 오실 전능하신 주 하나님께서
"나는 알파요 오메가다" 하고 말씀하십니다.

요한계시록 1:19 그러므로 네가 본 것과 지금 있는 일과 장차 될 일을 기록하라

새번역 그러므로 너는, 네가 본 것과 지금의 일들과
이 다음에 일어날 일들을 기록하여라.

요한계시록 7:17 이는 보좌 가운데에 계신 어린 양이 그들의 목자가 되사
생명수 샘으로 인도하시고 하나님께서
그들의 눈에서 모든 눈물을 씻어 주실 것임이라

새번역 보좌 한가운데 계신 어린 양이 그들의 목자가 되셔서, 생명의 샘물로 그들을
인도하실 것이고, 하나님께서 그들의 눈에서 눈물을 말끔히 씻어 주실 것입니다.

유다서 1:25

요한계시록 1:8

요한계시록 1:19

요한계시록 7:17

요한계시록 21:1　또 내가 새 하늘과 새 땅을 보니
처음 하늘과 처음 땅이 없어졌고 바다도 다시 있지 않더라

새번역 나는 새 하늘과 새 땅을 보았습니다.
이전의 하늘과 이전의 땅이 사라지고, 바다도 없어졌습니다.

요한계시록 21:6　또 내게 말씀하시되 이루었도다 나는 알파와 오메가요
처음과 마지막이라 내가 생명수 샘물을 목마른 자에게 값없이 주리니

새번역 또 나에게 말씀하셨습니다. "다 이루었다. 나는 알파며 오메가,
곧 처음이며 마지막이다. 목마른 사람에게는
내가 생명수 샘물을 거저 마시게 하겠다."

요한계시록 21:7　이기는 자는 이것들을 상속으로 받으리라
나는 그의 하나님이 되고 그는 내 아들이 되리라

새번역 이기는 사람은 이것들을 상속받을 것이다.
나는 그의 하나님이 되고, 그는 내 자녀가 될 것이다.

묵상하기

요한계시록은 묵시이며 예언이자 편지입니다. 이 세 가지 형식을 통해 내용을 전달하고 있습니다. 요한은 성령을 통해서 앞으로 다가올 교회의 큰 환난을 보았습니다. 이 환난(박해와 유혹)의 실체는 영적 전쟁입니다. 요한계시록은 세상의 유혹과 핍박으로 어려움을 겪는 교회를 향해, 이 싸움은 하나님과 사탄의 우주적 싸움이며 부활을 통해 이미 승리하신 그리스도께서 모든 악의 세력을 심판하실 것을 알려줍니다. 이를 통해 고난을 견디고 유혹을 이기도록 위로와 경고의 말씀을 주고 있습니다.

요한계시록 21:1

요한계시록 21:6

요한계시록 21:7

요한계시록 22:7   보라 내가 속히 오리니 이 두루마리의
예언의 말씀을 지키는 자는 복이 있으리라 하더라

새번역 "'보아라, 내가 곧 오겠다' 하신 주님의 말씀을 기억하여라."
이 책에 기록된 예언의 말씀을 지키는 사람들은 복이 있습니다.

요한계시록 22:20   이것들을 증언하신 이가 이르시되 내가 진실로 속히 오리라
하시거늘 아멘 주 예수여 오시옵소서

새번역 이 모든 계시를 증언하시는 분이 이렇게 말씀하셨습니다.
"그렇다. 내가 곧 가겠다." 아멘. 오십시오, 주 예수님!

요한계시록 22:21   주 예수의 은혜가 모든 자들에게 있을지어다 아멘

새번역 주 예수의 은혜가 모든 사람에게 있기를 빕니다. 아멘.

요한계시록 22:7

_____

_____

_____

요한계시록 22:20

_____

_____

_____

요한계시록 22:21

_____

_____

아멘 주 예수여 오시옵소서

_요한계시록 22장 20절